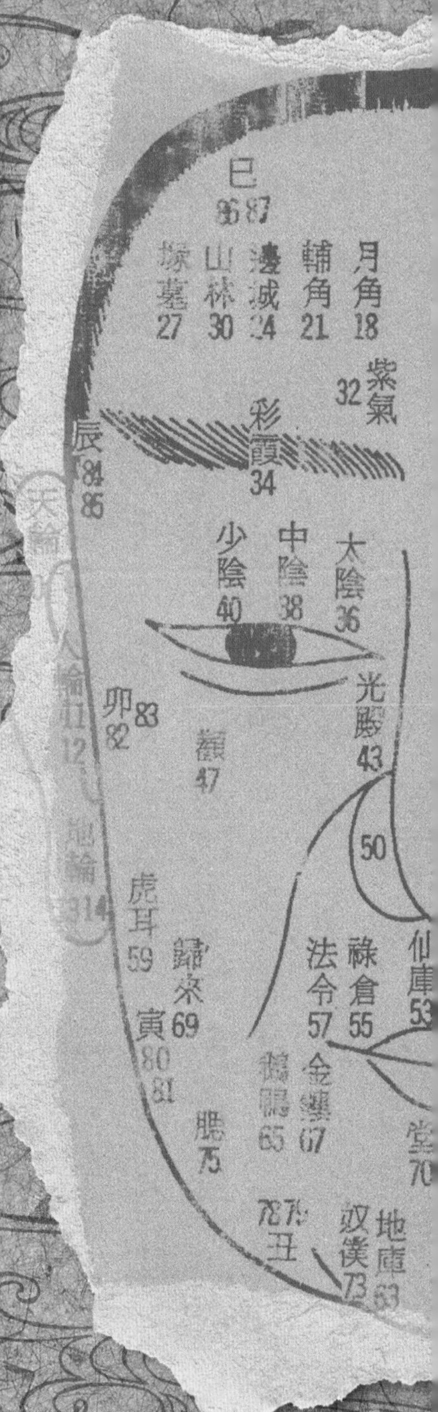

彩色典藏版

一看就懂！大師面相學

鄭穆德◎著

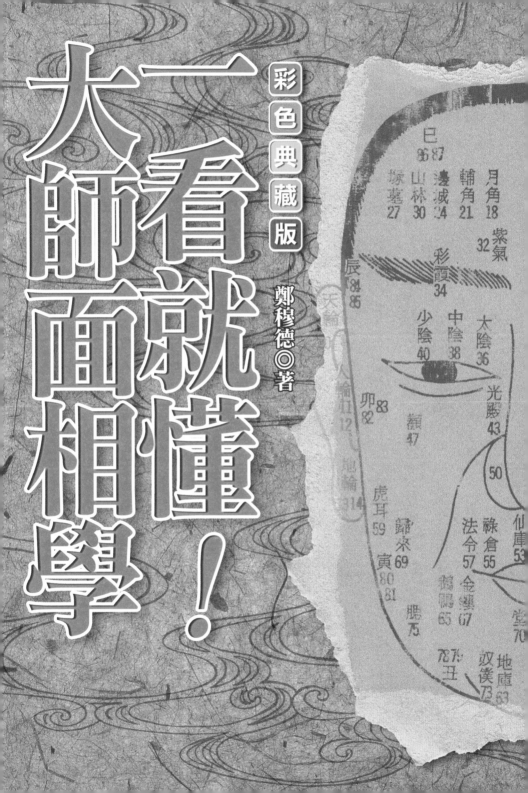

【推薦序一】

本人曾於穆德兄出版《紫微斗數開館的第一本書》時寫序，當時本人尚任檢察官，詳知穆德兄對於面相也精研甚深，相較於斗數公式運用之深奧，一般人學習不易之狀況，眾人都期盼能有看到他人面相即能解讀其個性等功力，故本書出版將造福有緣人，也是本人引頸盼望多年的寶物。

俗語說：相由心生。人與其他動物相同，個性及運勢會從面相甚至體態表現出來，而人類因不同種族而有不同面相，解讀自有差異，穆德兄於本書開宗明義即敘述此理，如黃種人較辛勤、白種人較優越、黑種人較紛爭等，道破並指引觀察面相之入門，繼以五官呈現之分類，再論鼻、眼……等部位之吉凶，淺顯易懂，有助判斷初識或有心隱藏心性者之真偽。吾人既非離群索居者，就應思量如何面對接觸之對象，然這社會充斥詐騙、虛偽者，渠等假冒身分，修飾外貌及穿著，加上言語、動作之配合，就如一齣讓人動容的戲碼，劇情視觀賞者是否察覺真偽而修改，故網路男蟲及假冒監管單位者到處得逞，人人都是表演者，只是常有人扮演被害人，故某人若能洞察人性，吾人會說該智者閱人無數，社會經驗豐富，但事實上每個人隨著年歲增長，也都閱人無數，只是閱後有無特別感想，有無分析眾生面相及態樣，當吾人未讀過面相學前，也能從一般常理推斷人性，如初識某人握其手，就要感受其手大小、粗嫩，藉此判斷其是常拿筆或常拿工具，再觀看其眼、鼻……等五官，甚至膚色、膚質，判斷其各種運勢，而於互動時日後，印證自己判斷準否，並修正看法，這是歷練累積的閱人經驗，但能再佐以穆德兄所編撰之本書，絕對助益良多。

本書雖是淺顯易懂，但仍須特別閱人相輔，本人建議不妨從自己及周遭親友開始印證，並進而實際應用，於修飾自己門面後，自可巧妙轉運、增運。

鼎天法律事務所

所長黃鼎鈞律師

2010.2.1

【推薦序二】

「在競爭的時代，一位企管專家可能要花三個月的時間來診斷公司，但人相學家卻可能只要三分鐘即可藉由經營決策人員之面相看出端倪；公司徵選人才時，懂得面相學可藉以選出適才適所之人，出外拓展業務亦可藉由面相之交談使溝通更優良而獲得訂單，以上種種您相信嗎？請來上課便知。」

這是台北市建築師公會易經研究社於民國九十五年一月至七月聘請鄭穆德老師開設人相學之開班介紹詞，獲得將近八十位建築師學員的熱烈參與，擠爆公會第一會議室盛況空前，在七個月聆聽鄭老師的精闢講解當中，每一位建築師學員皆獲益良多，並藉由面相學的學以致用，對客戶的掌握度大有精進，縮小而言，對自己事務所的職員亦可藉由面相學的觀察，得以適才適用，將事務所的營運發揮到最大能量，可見鄭老師的授課確實達到公會開班介紹詞之所言不虛。

紀元前四十五世紀距今約六千五百年，中土之伏羲氏仰觀天文，俯察地理，中觀鳥獸之文，將自然之現象歸納為八類—天、地、山、澤、雷、風、水、火，並以八種符號—乾、坤、艮、兌、震、巽、坎、離為代表，將其按自然現象所發生之位置依次排列，亦即《說卦傳・第三章》所說：「天地定位，山澤通氣，雷風相薄，水火不相射，八卦相錯。」後儒稱此為先天八卦。其後再經約三千六百年，即距今約兩千九百年，周文王將自然之八種現象依季節四時變化及萬物自生長至收藏之次序重新排列，即《說卦傳・第五章》所說：「帝出乎震，齊乎巽，相見乎離，致役乎坤，說（悅）言乎兌，戰乎乾，勞乎坎，成言乎艮。」之道理，後人據此章所畫出之八卦圖，稱為後天八卦圖；此先、後天八卦再加其後之河圖、洛書，形成五術之骨幹，歸根而言，五術皆由仰觀天文，俯察地理，中觀鳥獸之文而得來，面相學亦不例外，鄭老師創立之華山派面相學即藉由觀察人種學、動物學、前世今生演繹而得，有別於其他面相學只告訴其然而不告訴其所以然，故其理論架構紮實，所演繹而得之結論近乎實際，相當實用。

另外鄭老師精通紫微斗數，亦曾於民國九十四年七月至十二月在台北市建築師公會開班授課紫微斗數初階班，於民國九十五年八月至九十五年十二月開課紫微斗數進階班，教導四化用神—祿、權、科、忌，飛星四化為空間學，生年四化為時間學，並將重點放在此四化的時空學上，精準的掌握空間與時間而論「運」，再輔佐四化精神的「自化」勾勒出吉凶起始與終結點，教人如何加以趨吉避凶以掌握命運。此次鄭老師將所出版之面相學，巧妙的將紫微斗數四化—祿、權、科、忌加以運用在面相學上，實為面相學上之一大突破，諸如：

1.面相的十二宮位相法與紫微斗數的十二宮位論法完全相通，皆表示個人先天十二宮位的基本公式，它只是現象，不是吉凶；若要論吉凶須帶進「體」、「用」關係，藉「用」沖「體」為大凶，或「體」沖「用」為次凶，而判斷吉凶程度，再尋求解決之道。

2.四化用神—祿（緣）、權（業）、科（情）、忌（債），將緣、業、情、債之概念帶進面相學，並進一步演繹「祿」為緣起、「權」為緣變、「科」為緣續、「忌」為緣滅，巧妙的運用即可探究諸如：投資何時賺錢？工作何時變動？感情何時緣起？婚姻何時緣滅？意外何時發生？子女何時離家……等等，這是論「運」的學問，有了吉凶的應期，此套學問才是活的學問。

3.紫微斗數論述天、地、人三命盤：在天成象為「本命的學問」，強調先天註定的因緣；在地成形為「大限的學問」，強調運勢的吉凶；在人成事為「流年的學問」，強調發生的時空。即論命要一次活用三種命盤－本命、大限、流年，才算完整的論命學問；鄭老師應用在面相學上，分成三大部分：一、天時（命理），佔50％的重要，例如：捉魚的時機。二、地利（地理），佔25％的重要，例如：捉魚的地方。三、人和（條件），佔25％的重要，例如：捉魚的條件。天時、地利、人和三樣俱足，即是捉魚豐收的保證，意即單象不成物，雙象成物對，三象成一物。三象成一物為成事的絕對時空。筆者曾運用三象成一物為成事的絕對時空概念，為一位同是建築師的友人論相，彼曾述及其投資股票、期貨虧損三千多萬元，而筆者即斷言其當時六十歲，虧損為四年前即五十六歲時發生，這位建築師友人當下瞠目結舌說：你怎麼知道？其實很簡單，觀其面相，該友人鼻孔朝天為漏財的先天註定的因緣（在天成象），五十幾歲為鼻子大限（在地成形），用九執法計算鼻子的流年為五十六歲（在人成事），如此三象俱足成一物，故斷其五十六歲虧損當然很準；若以此相，在其未發生前之時空，自可引導其買房地產，雖然錢仍會出去，但至少可保值，將來還有機會再回來，此即趨吉避凶之法。

4. 作對因緣：前述例子之建議即為作對因緣，鄭老師將祿、權、科、忌，其中「忌」的概念運用到面相學，面相十二宮位中，哪一宮位有受損或不好的變化即為「忌入」，而「忌」的概念首先即為「有」，亦即「存在」，而「忌沖」時會有不好的現象發生，而不好的現象往往不會僅有一種，例如子田線化忌回歸本命則會有意外、重病、死亡或生離之無情現象發生，而當某一現象發生，代表其能量即已釋放，則其餘之現象就不會再產生，是故懂得此一原理，則在上述例子之時空可選擇「生離」而離開家，意即搬離田宅，讓田宅宮「忌入」產生，意即存在，能量即已釋放，則不會再有「忌沖」其餘之意外、重病、死亡發生，若就算再有「忌沖」，則其能量已大為降低，不會再有更大的危害產生，此即趨吉避凶之法。前一例子之友人五十六歲有虧錢而錢會出去之時空，可勸其選擇買房地產以讓錢出去，而讓其能量釋放，則不會有虧三千多萬鉅額之現象發生，意即「作對因緣」可讓本應損失或嚴重危害的因緣降到最低，此為學習面相學的最終有益之處。

觀人面相，欲有一望便知的本領則須下一番苦功，首先須有正確的觀念，培養單象不成物、雙象成物對、三象成一物的概念，再從面相的基本功夫著手，這方面可從「華山派面相學」攝取養分，打好紮實的基礎，然後從周遭的朋友開始驗證並仔細觀察，與書本所傳授的知識加以比對，培養立即直覺的功夫，久而久之即可成為觀人面相的高手，達成本文剛開始之開場白，可幫助自已也可幫助別人，何樂而不為？

鄭老師推廣「華山派面相」，將面相學由艱澀的古文或兩極化的單論，向上提升到公式化、系統化、科學化的現代面相學術。此次所出版的面相學為在台北市建築師公會授課時之講義，將其系統化集結成冊，再加以補充鄭老師為人看相論命三十幾年來的精華而成，故本書出版後勢必繼《紫微斗數開館的第一本書》造成轟動，屆時洛陽紙貴，勢必可期。筆者為鄭老師於公會授課紫微斗數與面相學的學生，與老師多年交往變成亦生亦友的關係，此次老師欲出版《一看就懂大師面相學》，筆者一口氣即將其看完，實在是一本好書，故樂意將自己的一點心得，推薦給大家，野人獻曝的為之作序。

台北市建築師公會易經研究社創社社長現任公會理事

台北科大建都所碩士論文「易理陽宅水法操作原理之探討」

開業建築師王基陵謹識

歲次己丑年臘月於台北市

【推薦序三】

命理學對我而言原本是遙不可及甚至是拒卻的領域，因為過去的經驗只要有人談到「命理」，似乎就會跟靈異、玄學密不可分，而且充斥著無法驗證的迷思。在台中地檢署服務期間，因為同仁的介紹因緣際會的認識了鄭穆德老師，從此就重新讓我對於命理學的理解有了嶄新的認知。

鄭穆德老師除了能精確的掌握前來諮商個案的具體先天俱足的現象，亦即能充分瞭解個案「論命的學問」外，對於前來尋求解惑的個案，也能進一步精準的對於個案面臨人生重大抉擇時所產生的心理疑惑或現實質疑，給予言簡意賅的分析與建議，這個部分就是一般命理學界最難處理的「論運部分」的範疇。鄭穆德老師最擅長的就是以淺顯易懂的例子讓各階層的讀者或民眾都能輕易進入研究「命理之美」的領域，例如對於解釋複雜的命理學範圍，鄭穆德老師就以捕魚為例，讓完全不懂或從未接觸過命理學的人瞭解完整的命理學是包括了論天時、論地利與論人和，好比捉魚者，除了要俱足個人的捉魚條件外，更要尋找適合的捉魚地點和如何把握捉魚的時機，才是豐收的保證；其中「天時」（命理），就是捉魚的時機，比重佔50%；「地利」（地理）就是像捉魚的地方，比重佔25%；「人和」就是個人捉魚的條件（條件或技巧），比重佔25%。鄭老師除了能精確掌握「天時」之外，對於如何利用地利與人和配合天時以創造人生高潮或沉潛度過人生低潮，都有著精闢的論述分析。

筆者在離開台中地檢署後除了繼續攻讀法律學與犯罪學博士學位外，也在大學授課及擔任執業律師。在筆者從事學術研究、授課與執業的過程中，常有機會與鄭穆德老師做分析討論，在討論的過程中，筆者深覺鄭老師是一位非常用功、對命理學充滿熱誠、對前來諮商的個案充滿關懷的專業命理學大師。在鄭老師多年繁忙的執業生涯中，鄭老師還不忘著書與教書，讓無緣親自接觸鄭老師的民眾或有心以科學方法學習命理學之同好有機會可以藉由文字與授課而與鄭穆德老師做交流。

鄭老師在92年所出版的《紫微斗數開館的第一本書》，早已經是命理學界的暢銷長紅書；99年鄭老師又新推出《一看就懂，大師面相學》一書，讓面相學的研究有了嚴謹的論述、完整的體系與科學的分析，也更加完備了命理學的研究領域，相信此書的出版將有助於揭開神秘的面相學研究，讓讀者能以更健康及科學的觀點來瞭解命理學。

法律學與犯罪學雙博士候選人
群業法律事務所張宪安律師
2010.1.20.

【推薦序四】

人生歷程中的「緣」、「業」、「情」、「債」碰撞出生命中的「起」、「承」、「轉」、「合」，似乎可由每個人的命盤中窺出端倪。命理，是一門博大精深非一蹴可幾的領域，除了易經的理論外，更是透過生活中的種種實證、統計、研發，再加上賦予時代的價值觀，循序累積，才使得命理研究得以理直完整，且更顯得意義非凡。

我常覺得命理要學得「通」、「透」、「深」、「遠」，除了對其要有興趣之外，還要有很深的願力，加上日以繼夜的付出，將命理落實於「生活化」、「專業化」，才能將其發揚光大。所謂「生活化」就是隨時結合生活的經驗歷程來佐以實證，「專業化」就是將其以做學問的思維來探討來研究，而我熟知的鄭老師就是一位這樣具有深度大師級的命理老師。

鄭老師鑽研命理不遺餘力，除了精通紫微斗數外，對風水、陽宅、面相的功力均非常專精，已到達所謂「一理通全理通」的境界，並窮其畢生精力推廣命理這門玄學，更是以不藏私的真誠態度教授學生。92年出版《紫微斗數開館的第一本書》闡述命理的一本大作，可謂為經典，時至今日這本書仍時常成為坊間命理老師教授學生所用之教材。觀其書中內容處處可見其研發、創見、深入淺出的見解，常讓我「撥雲見日」的深刻體悟。

鄭老師新作《一看就懂，大師面相學》一書，隨每個人不同的面部表情探測出人生格局及運勢凶吉，提綱挈領的闡述方式，將人的面相加以分類、表格化、圖示化，迴然有理的呈現其系統完整。從易懂的論述中，見其宏觀、見其深遠，可說是學習面相架構的一本書。

在此，敬祝鄭老師願力得以實現。

簡俊卿建築師事務所
所長簡俊卿建築師
2010.1.1

【推薦序五】

走在人生歷程中，逐漸體悟到宇宙的奧妙，天地間日月星辰的運行及產生磁場，人冥冥之中有命及運，人有生、老、病、死、吉、凶、禍、福，似乎可由命盤或手面相中窺出端倪。我熟知的鄭老師就是一位這樣具有專精紫微斗數、風水、陽宅、面相的大師級的命理老師。鄭老師鑽研命理不遺餘力，精準論斷哪個時空所出現的生肖是貴人，令人嘖嘖稱奇。

鄭老師平易近人、幽默風趣，任何疑難雜症都可請教，經由鄭老師以紫微斗數、風水、陽宅、面相綜合分析及建議，將可得到啟發及解惑，甚至趨吉避凶。

鄭老師92年出版《紫微斗數開館的第一本書》闡述命理的經典大作。新作《一看就懂，大師面相學》，以每個人不同的面相探測出其人生格局及運勢吉凶，亦可做為瞭解陌生人的參考。

在此，祝福鄭老師。

法碩國際法律事務所
所長熊賢祺律師
2010.1.22

【自序】

華山派面相學的名詞源起於延續命理學的傳承重任，繼而發揚華山派獨創之古文今論及時間與吉凶的時空學；華山派的誕生乃鑑於現今從業老師專業知識的嚴重不足及對21世紀之命理學時代性的領悟不夠徹底，而創造出超時代的文明產物。在這傳統與現代結合的新時代裡，傳統命理學已不能滿足現代人複雜的現實價值；而華山派正肩負著改革命理學之革命性任務。

華山派面相學乃筆者繼《紫微斗數開館的第一本書》後，再次公開千年不傳之祕笈。本書的精華在於跳脫傳統面相單一的現象學，而將現象學向上提升到空間學、時間學、吉凶學、宗教學的立體交錯層次。本書內容是循序漸進，是慢慢舖陳，是由淺入深的教課書。其大綱導讀之內容：第一篇【命理之美】源於面相、第二篇面相的淵源、第三篇面相入門篇、第四篇面相基礎篇、第五篇面相五官應用篇、第六篇面相論命應用篇。

論命的精髓在體用關係的應用，論運的用神則在天、地、人三盤的交錯活用；而華山派面相學更是如此。面相論命的技巧在人間三俠與五官的應用，而面相論運的吉凶乃本命命盤、大限命盤、流年命盤三盤之交錯活用。華山派面相學是探究命理淵源最主要的依據，也是人、事、物發生吉凶的現在進行式。故面相為一切命理學之母，領悟了面相學最深層的因緣，才能欣賞華山派所獨創【命理之美】的真締。

總之，華山派面相學的誕生正肩負著改革命理學的歷史任務。反觀傳統面相學的重點僅在於論述【富貴與貧賤】的學問，單一化的論命方式已不能滿足現代人複雜的環境變化，而華山派面相學的重點則在論述【得失與吉凶】的學問，立體化的論運方式完全吻合現代物競天擇的進化社會。科學化的命理學乃預知人、事、物的結果。所以，精確的論命方式必先瞭解先天俱足的本命定數，進而掌握後天運勢的大限時空，再應用流年的良辰吉時，最後完成一生事業之最大成就，這正是「在天成象、在地成形、在人成事」之命理學最重要也最珍貴的天、地、人三盤學問，亦是華山派呈現【命理之美】的現代化與科學化的最高境界。

鄭穆德謹識

庚寅年初春於台中

目錄

推薦序一／黃鼎鈞 2
推薦序二／王基陵 4
推薦序三／張究安 11
推薦序四／簡俊卿 14
推薦序五／熊賢祺 16
自序／鄭穆德 17

壹 【命理之美】源於面相 29

貳 面相淵源篇 37
人種學 38
動物學 42
前世今生 44

參 面相入門篇 47
先天註定的因緣 48
後天做對的因緣 53
人間三俠說天性 57

肆 面相基礎篇 67
十二宮位之內涵 69
十二宮位之淺釋 75
華山面相話古今 103

伍 面相五官應用篇【現象】 113
一、額頭的分類 114
二、眉毛的分類 124
三、眼睛的分類 132

四、鼻子的分類 141
五、嘴巴的分類 150
六、耳朵的分類 159

陸 面相論命應用篇【吉凶】 169

一、面相「論命」現象學 170
問富貴相法 170
五行論相法 173
五官論相法 178
觀相十訣法 186
二、面相「論運」吉凶學 191
天地人論運法 191
三停論命法 193
九執流年法 197
百歲流年法 199

十二地支圖

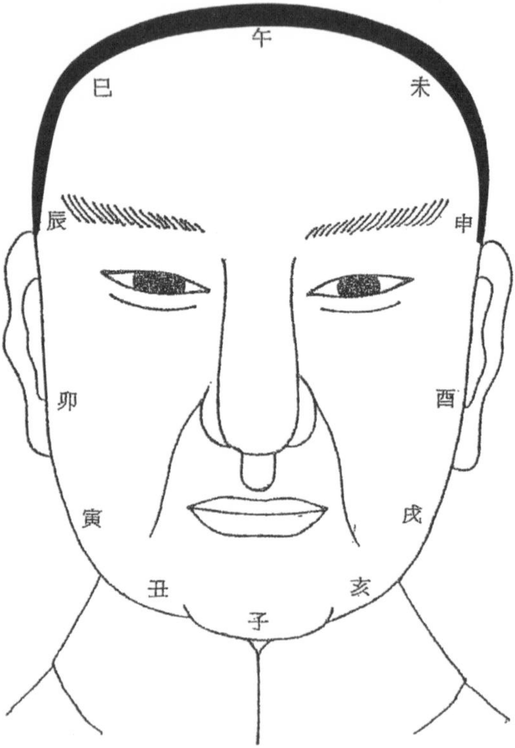

圖一

流月地支圖

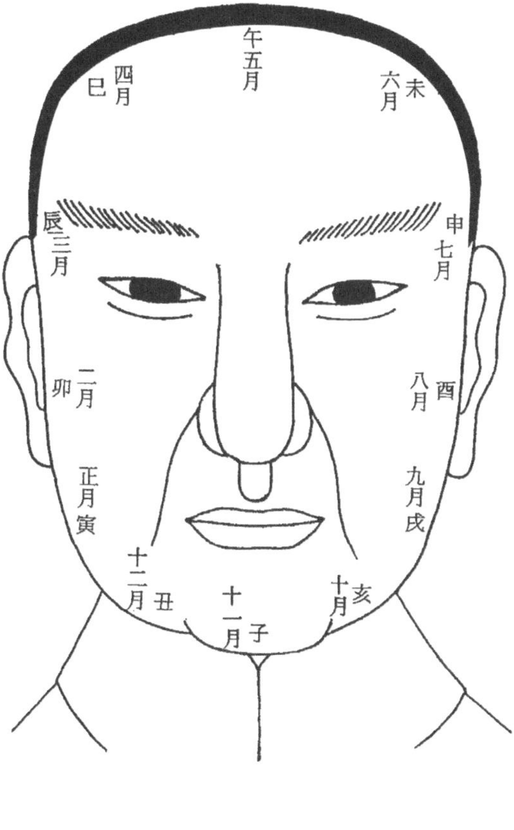

圖二

十二宮五官圖

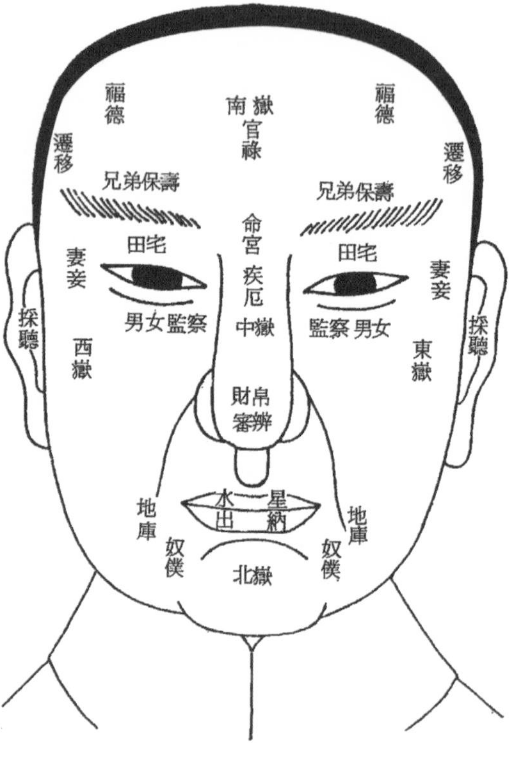
福德
南嶽
官祿
福德
遷移
遷移
兄弟保壽
兄弟保壽
命宮
田宅
田宅
妻妾
疾厄
妻妾
採聽
男女監察
中嶽
監察男女
採聽
西嶽
東嶽
財帛
審辨
水星
出納
地庫
地庫
奴僕
奴僕
北嶽

圖三

一百二十部位圖

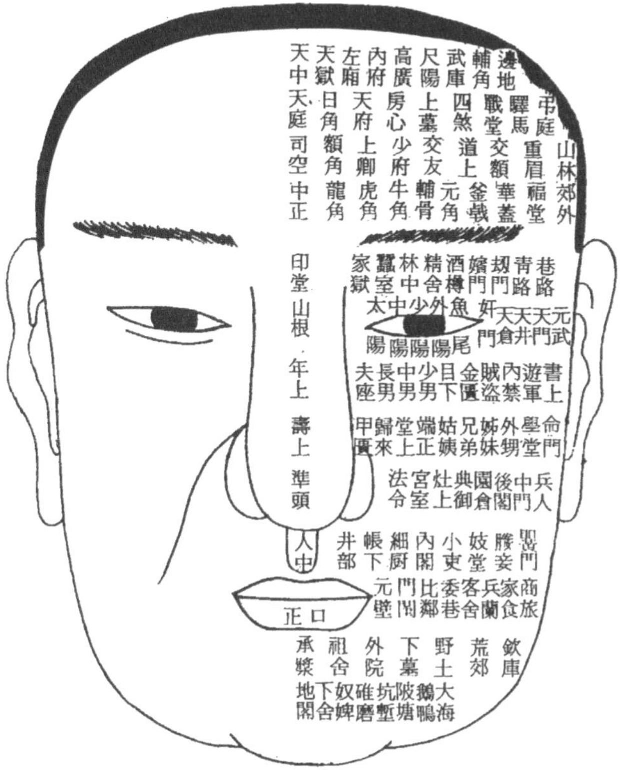

天中 天獄 左廂 內府 高廣 尺陽 武庫 輔角 邊地
天庭 日角 天府 房心 上墓 四煞 戰堂 驛馬 弔庭
司空 額角 上卿 少府 交友 道上 交額 重眉 山林
中正 龍角 虎角 牛角 輔骨 元角 釜戟 華蓋 福堂 郊外
印堂
家獄 蠶室 林中 精舍 酒樽 嬪門 劫門 青路 巷路
山根
太陽 中陽 少陽 外陽 魚尾 奸門 天門 天倉 天井 元武
年上
夫座 長男 中男 少男 目下 金匱 賊盜 內禁 遊軍 書上
壽上
甲匱 歸來 堂上 端正 姑姨 兄弟 姊妹 外甥 學堂 命門
準頭
法令 宮室 灶上 典御 園倉 後閣 中門 兵人
人中
井部 帳下 細廚 內閣 小吏 妓堂 媵妾 嬰門
元壁 門閣 比鄰 委巷 客舍 兵蘭 家食 商旅
正口
承漿 祖舍 外院 下墓 野土 荒郊 欽庫
地閣 下舍 奴婢 碓磨 坑塹 陂塘 鵝鴨 大海

圖四

男子面痣圖

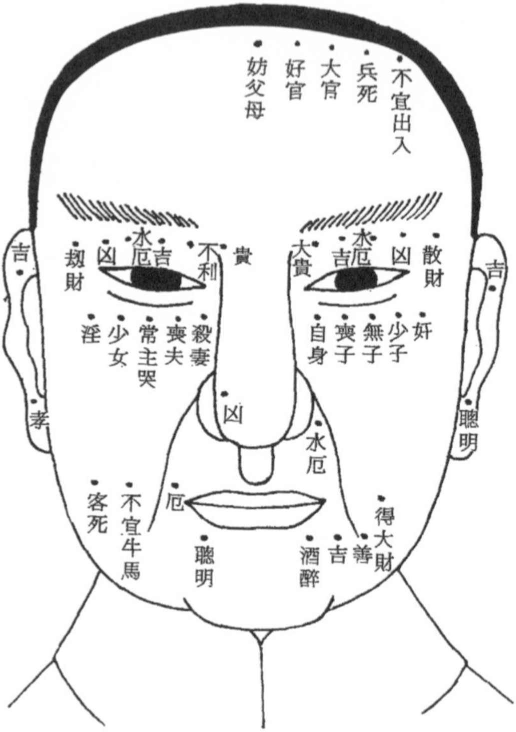

妨父母
好官
大官
兵死
不宜出入
吉
刼財
凶
水厄
吉
不利
貴
大貴
吉
水厄
凶
散財
吉
淫
少女
常主哭
喪夫
殺妻
自身
喪子
無子
少子
奸
孝
凶
聰明
水厄
客死
不宜牛馬
厄
聰明
酒醉
吉
善
得大財

圖五

女子面痣圖

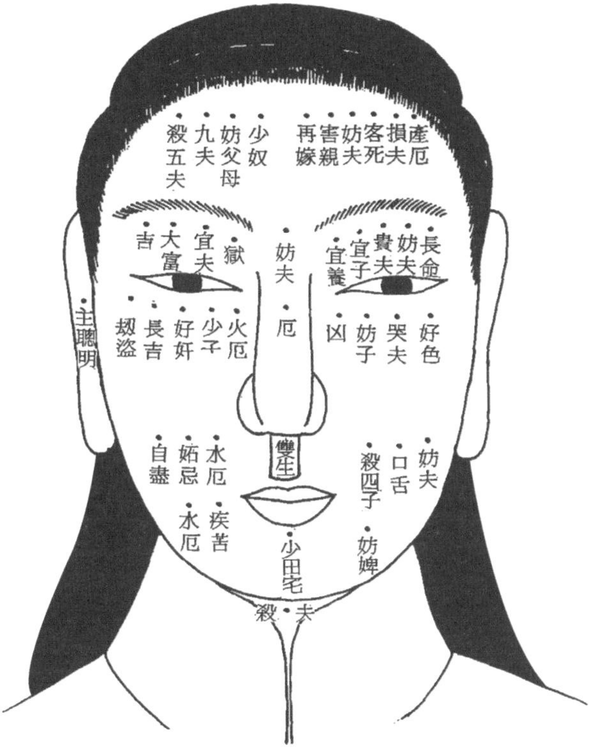

殺五夫
九夫
妨父母
少奴
再嫁
害親
妨夫
客死
損夫
產厄
吉
大富
宜夫
獄
妨夫
宜養
宜子
貴夫
妨夫
長命
主聰明
刼盜
長吉
好奸
少子
火厄
厄
凶
妨子
哭夫
好色
雙生
自盡
妬忌
水厄
殺四子
口舌
妨夫
水厄
疾苦
少田宅
妨婢
殺夫

圖六

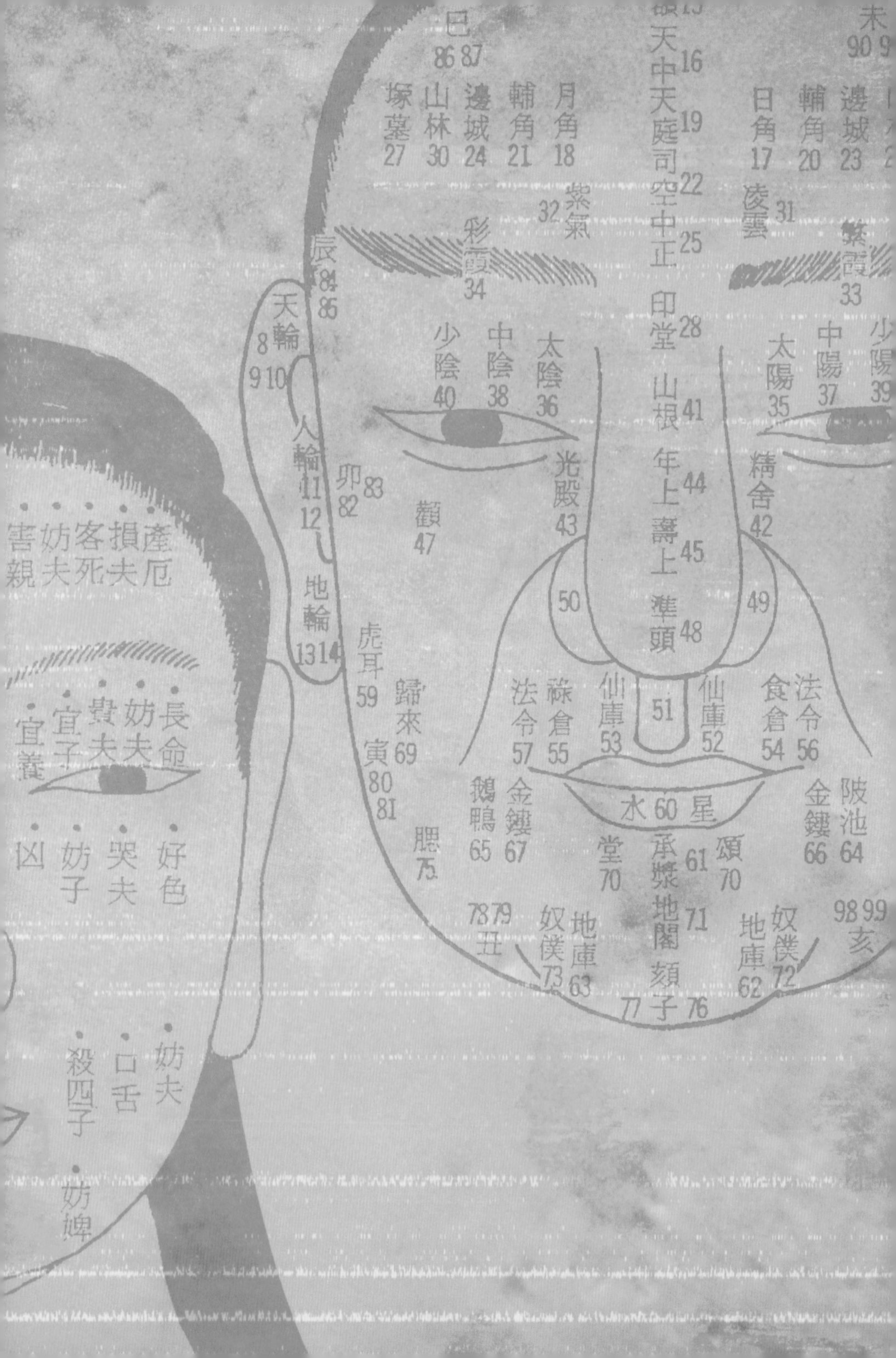
未 90 9
巳 86 87
天中 16
天庭 19
司空 22
中正 25
印堂 28
山根 41
年上 44
壽上 45
準頭 48
塚墓 27
山林 30
邊城 24
輔角 21
月角 18
日角 17
輔角 20
邊城 23
紫氣 32
凌雲 31
彩霞 34
紫霞 33
辰 84 85
天輪 8 9 10
人輪 11 12
地輪 13 14
少陰 40
中陰 38
太陰 36
太陽 35
中陽 37
少陽 39
光殿 43
精舍 42
卯 83 82
顴 47
50
49
虎耳 59
歸來 69
寅 80 81
法令 57
祿倉 55
仙庫 53
51
仙庫 52
食倉 54
法令 56
鵝鴨 65
金縷 67
水 60 星
金縷 66
陂池 64
腮 75
堂 70
承漿 61
頌 70
地閣 71
78 79 丑
奴僕 73
地庫 63
頦子 77 76
地庫 62
奴僕 72
98 99 亥
害親
妨夫
客死
損夫
產厄
宜養
宜子
貴夫
妨夫
長命
凶
妨子
哭夫
好色
殺四子
口舌
妨夫
妨婢

壹・【命理之美】源於面相

【命理之美】源於面相

「**命理之美**」的名詞，緣起於上天創作完美面相的感動與對所有科學新知的同理心，這無意間頓悟的思維，它是出自內心深處的美感，令筆者深刻感受到有恍如隔世之喜悅。這正是華山派命理學誕生的由來。希望這「**美感與喜悅**」能夠進化命理學的革命，加速「命理藝術化」之華山派命理學的流行。

一般傳統的命理學者，常把命理學硬是冠上玄學與神鬼的面紗，而與宗教結合後，**藉著宗教神秘的色彩及問命者面對人生無常的恐懼而進行騙財騙色**。但這不是真正的命理學；面相與所有的學問一樣，皆以公式化、系統化、科學化來表達它的專業知識；它更是藝術化的學問，只有真正瞭解面相學者，才能欣賞它「美麗與藝術」的一面。這就是華山派提倡「命理之美」的原意。現就如何欣賞「命理之美」分析如下：

一、面相的學問：

面相乃有其「象」，必有其「物」的學問，這是所有命理業者必須學會的命理共同之專業知識，它是探究命理淵源最主要的依據。也是發生吉凶的現在進行式；當下人、事、物發生的現象，自己的臉上早已留下痕跡。象是現象，物是五官，什麼類型的五官，就會發生什麼樣現象。清朝一代宗師曾國藩有句名言：【凡人受命，在父母施氣之霎時，已得吉凶矣】。古云：「相由心生，相逐心滅。」「有諸內必形諸於外」。在在顯示面相乃一切命理學之母，領悟了面相學最深層的因緣，才能欣賞華山派所獨創【命理之美】的喜悅。

二、論命的學問：

論命乃論述先天俱足的現象，這是所有命理業者都會的算命本事，例如：是不是晚婚？是不是換過工作？是不是發生過意外？是不是與父母無緣？或談論一些無關吉凶的個性、嗜好……等等。這僅是每個人一生中都會發生的現象；其中沒有準不準的問題。如面相學、姓名學、卜卦、手相、星座……等命理學皆是如此。

三、論運的學問：

論運乃論述後天運勢的吉凶，這是所有命理業者最難突破的學問，例如：投資何時賺錢？工作何時變動？感情何時緣起？婚姻何時緣滅？意外何時發生？子女何時離家……等等。這是專為個人量身訂作的學問，需要個人之出生年、月、日、時辰，它論述人生每個階段的得失與吉凶。如紫微斗數、八字……等命理學皆是。

四、完整的命理學：（共分成三大部分）

1. **天時**（命理）；佔50%的重要，例如：捉魚的時機。
2. **地利**（地理）；佔25%的重要，例如：捉魚的地方。
3. **人和**（條件）；佔25%的重要，例如：捉魚的條件。

論運的技巧首在於天時、地利、人和三者合而為一，同時再對先天條件與後天運勢加以分析。如捉魚者，除了要俱足個人的捉魚條件外，更要尋找適合的捉魚地點和如何把握捉魚的時機，才是豐收的保證。其次更要瞭解「命理」與「地理」的不同；**命理者乃掌握人生之高潮，充實人生之低潮；地理者乃佔據最有利之地點，充分利用空間。**

命理—論運勢之時間與吉凶。

—乃預知人、事、物之時間與吉凶。

—論述前世之緣、業、情、債的因緣。

—為當下之條件，即以個人目前現狀之環境論運。

—論賺錢、意外、購屋、桃花……等時間，何時開始？何時結束？

地理—論述地理位置之吉凶。

—南投縣松柏嶺受天宮是香火鼎盛的廟宇，為風水地理絕佳之處，為何災禍連連？乃因廟宇建築在「凶」的位置上。

—埔里鎮北山村張家，房屋正對路沖，屋後有懸崖，文昌位在廁所，60年前一家十一口，卻有博士三人、碩士四人，乃因位在「吉」的位置上。

——淡水三十三年老字號餐廳，廁所門上放置神明和公媽，一年卻淨賺幾佰萬元，也因在好地理之內。

五、各種命理內容之分析：

命理名稱＼內容分析	面相	陽宅	紫微斗數
現象學	五官	室內擺設	星辰
空間學	人間三俠	四周環境	飛星四化
時空學	三象一物	地氣	生年四化
吉凶學	痣、疤、痕	形煞	自化

總之，各種命理學皆有其優缺點，各門派也有其可取之處。然而，不變的是命理學之公式化、系統化、科學化、藝術化，已為必然之趨勢，更是現代潮流之使然；致使「姓名學」的老師，不再只會改名字而已，「宗教」不只是改運、補運、造運。唯有俱足完整命理學的專業者，才能幫助求助者做「生涯規劃」。令其面對人生之人、事、物的因緣時，能知曉何時緣起？何時緣變？何時緣續？何時緣滅？面對人生之重大抉擇時，懂得何時爭取？何時捨得？何時放下？面對前世與今生之迷惘時，無忌於江湖術士之恐嚇。讓其知道前世的緣、業、情、債，如何變成今生之冤親與債主的生肖；前世未了的因緣，又如何形成今生之討債與報恩的時空，皆有其科學之理論可循，如此才不愧對千年來社會對命理專業者之高度期待。

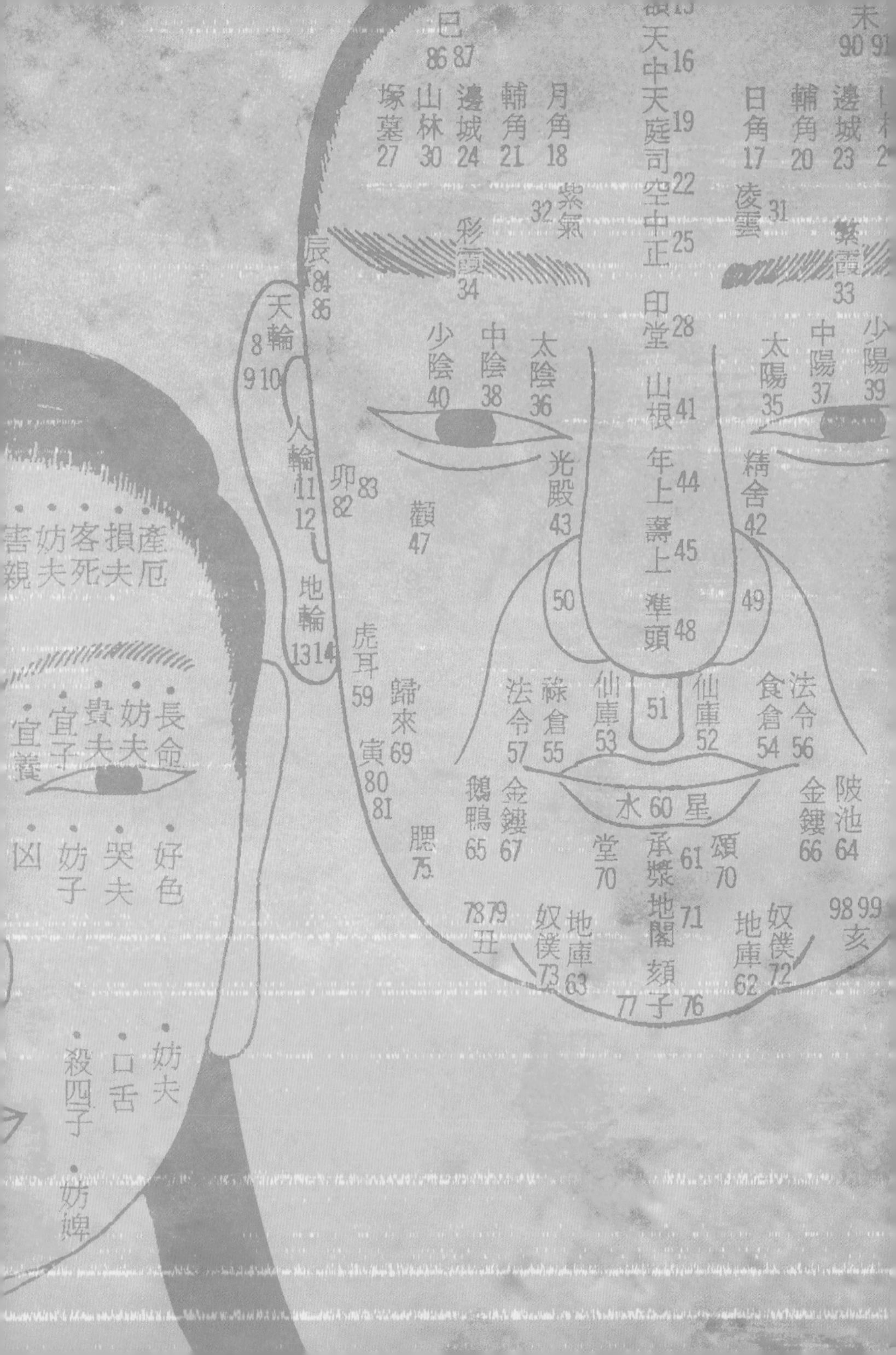
巳 86 87
未 90 91
天中 16
天庭 19
司空 22
中正 25
印堂 28
山根 41
年上 44
壽上 45
準頭 48
塚墓 27
山林 30
邊城 24
輔角 21
月角 18
日角 17
輔角 20
邊城 23
紫氣 32
凌雲 31
彩霞 34
紫霞 33
辰 84 85
天輪 8 9 10
人輪 11 12
地輪 13 14
少陰 40
中陰 38
太陰 36
太陽 35
中陽 37
少陽 39
光殿 43
精舍 42
卯 82 83
顴 47
50
49
51
虎耳 59
歸來 69
寅 80 81
法令 57
祿倉 55
仙庫 53
仙庫 52
食倉 54
法令 56
水 60 星
鵝鴨 65
金鏤 67
金鏤 66
陂池 64
腮 75
堂 70
承漿 61
頌 70
地閣 71
頦子 77 76
78 79 丑
奴僕 73
地庫 63
地庫 62
奴僕 72
98 99 亥
害親
妨夫
客死
損夫
產厄
宜養
宜子
貴夫
妨夫
長命
凶
妨子
哭夫
好色
殺四子
口舌
妨夫
妨婢

貳・面相淵源篇

人種學

人種學共分黃種人、白種人、黑種人三大類型，這是學習面相學最重要的基礎淵源，也是筆者三十多年來學習的心得，從這裡可以清楚看出人類的原始現象與人類文明進化的軌跡，更是天地萬物不變的自然法則；藉此跳脫「古文」面相學之束縛，好讓學習面相者能快速的入門。現就三大類型分析如左：

一、黃種人——黃種人即膚色微黑之人，代表著為生活而勞碌的格局。

人類的文明史緣起於東方，這是春耕的位置，故其吃苦耐勞的天性至今一直延續著只有付出，沒有回報的思維；引申在工作上事倍功半或多做少成之象意。而黃種人對親人的愛，與其說是無怨無悔的付出，倒不如說養兒防老的觀念，還在血液裡留著香火。就如郝思嘉主演的電影「亂世佳人」中所說：「明天又是另外的一天」，對未來充滿了無限的希望。

【特色】──勞碌、辛苦、義氣、堅持、不順、驛馬、助人、執著、家族、無心機、人情味、聚少離多、六親緣淡、眾生緣濃、累積能量、歡喜人生。

【應用】──黃種人勞心勞碌是天性，辛苦工作是特色，幫助朋友是義氣，驛馬逢貴是格局，堅持到底會成功；處事應用人情味，對人不可用心機；眾生前世多欠債，至親聚少離多緣；累積能量求致富，歡喜人生迎新春。

二、白種人──白種人即膚色白皙之人，代表著為生活享受而進化的格局。

人類的進步史起源西方，這是秋收的位置，坐享東方文明所帶來的一切利益，如美國兩百多年的現代化超越了中國古文明五千年的歷史；白種人自認為最優越的民族，故有排他性，歐美的「貴族學校」與南非的「白人政策」，就是最典型的實例。人類文明的進化史，這個時期最風光，白種人之快、狠、準「物競天擇」與孤、獨、絕「專業才華」乃天性的定數。引申為付出之人一定有收穫。

【特色】—個人、流行、享受、高貴、典雅、自由、文明、進化、公平、法治、科技、變化、求新求變、生離死別、棄舊迎新。

【應用】—白種人走在流行的尖端，享受祖先累世的恩澤；高貴典雅求富貴，求新求變在科技；自由公平的生活哲學，文明法治的人生態度；生離死別為天意，棄舊迎新是本性。

三、黑種人—黑種人即膚色較黑之人，代表著為生存而奮鬥的格局。

人類的落後史為其代名詞，這是冬藏的位置，象徵著一切的利益回歸到靜止狀態，而又要面對四周惡劣的環境與天災人禍的摧殘。故常常白做苦工或徒勞而無功。人類的原始史，這個時期正上演著無可奈何的劇本。如養老院內日復一日等待著吃三餐的殘障老人般，後天環境的不幸因緣裡，讓他們不得不默默接受活下去的事實或默默接受長期生活的不如意，天天等待著希望的明天趕快到來（子女）。

【特色】—飢餓、是非、紛爭、內亂、流亡、出外、遷移、無助、無奈、勞力、不安、群聚生活、隨遇而安。

【應用】—黑種人是非因緣往上爬，家族紛爭爭權利，出外工作求安飽，自助己助人不助；不安的生活環境，無奈的人生經歷；打拼前途靠群聚，隨遇而安任我行。

總之，黃種人代表著為生活而勞碌的格局；白種人代表著為享受而進化的格局；黑種人代表著為生存而奮鬥的格局。這是人種學上先天定數所流露的天性及後天運勢中所呈現的現象，其中不能有「對與錯、是與非、吉或凶」的觀念；否則，學命理的歲月裡將出現突破不了的瓶頸。所以，唯有個人發揮自己的特色，才能享受上蒼所帶來—「愛的禮物」。

動物學

盆栽乃大自然之縮影，陽宅為風水地理的翻版，動物更是人類各種現象的代言人。所以，盆栽表現了大自然之美，陽宅代表了大自然能量的聚積，動物象徵了人類行為的現象。三者的理論是相通的，各種命理學的理論更是相通的。所謂「萬法歸宗」就是告訴我們，一切的人、物、事的因緣，是共通性、互通性、相依性的；只是人在宇宙星河中顯得特別的渺小，故無法完全領悟各種動植物的奧秘罷了。現就各種動物的天性分析如左：

【鳥類】——一般的鳥類，下巴顯得特別的小，當牠在枝頭快樂的碰碰跳跳，頭部就會不停的東張西望，遇到有人靠近或其他干擾，馬上會驚嚇而飛走。乃象徵下巴尖小之人，遇到衝突時比較情緒化或感情用事，同時更影響到老年運的吉凶，家庭和樂的因緣。

【蛇類】——有毒的蛇是三角形，因為三角形比較尖銳，故有人把他比喻為「最毒婦人心」。其實，這是對女性朋友的一種侮辱。三角形的蛇有毒是牠的天性，但牠們從不主動攻擊人類，只是衝突後會本能的反擊敵人罷了。故瓜子臉形的人，以面相學的角度，乃象徵有「緣起與緣滅」的先天因緣，如影歌星在人生旅途上，感情總是來得快，去得也快。

【大象】——大象走路時，給人感覺總是特別的笨重，故有人把牠比喻為「大胖不離呆」，這也是對有福氣之人的一種侮辱。其實大象有吃苦耐勞及長途跋涉的本事，對主人忠心耿耿，很少耍脾氣，泰國人現在已經把牠當成國寶。故肥胖之人，乃象徵一個人吃苦耐勞，又能堅持原有的目標或原有的事業；引申為延續了家祖的產業而不中斷。

總之，盆栽、陽宅、動物三者皆為大自然的縮影，動物的臉形乃象徵人類行為所表現出來的現象，瞭解動物的行為就能領悟面相之奧秘；故只要瞭解個人五官的各種優勢條件，做對面相上最有利的行業，加上掌握先天俱足的因緣與主導後天運勢的強弱，將是未來成功的保證。

前世今生

人類的五官乃前世因緣的來時路，也為前世未了之因緣；而面相五官的進化史，正是前世與今生的演進史。面相論「前世今生」或「三世因果」，這是多麼不可思議的事；其實，面相與宗教的角度不同，宗教以勸人向善為出發點；面相則強調父母親的思維，可以改變子女先天的五官。清朝一代宗師曾國藩有句名言：「凡人受命，在父母施氣之霎時，已得吉凶矣。其關於母性者尤大，受氣時，母不謹慎，心妄慮邪，則子長大，狂悖不善，形體醜惡。」先賢范駥云：「造物大公之心，福可以罪滅，罪可以功贖，生心發面，惟人自造。」「相由心生，相逐心滅。」「有諸內必形諸於外」。皆道盡了前世今生的果報因緣，也為前世今生做了最佳的註解。現就前世與今生的演進過程，舉例分析如左：

【女士優先】——三十年前老一輩的女性，天倉的部位總是特別的凹陷，表示為夫勞苦或分擔家計的現象。然而，經過政府幾十年來大力推行「女士優先」的觀念後，現代女生的天倉位是不是比男性飽滿許多。乃象徵現代女性經濟獨立，不需要依靠男人也能生存。

【額頭飽滿】——近幾十年來，受到西方功利主義的影響，望子成龍與望女成鳳的觀念，深植每一位父母的內心，總希望有一天，子女成材成器，做個對國家社會有貢獻的人。就因為這種思想觀念的演化，現代年輕人的額頭總是特別的飽滿，代表對未來生活充滿著希望。

【額頭低窄】——中國人自古以農立國，人民日出而作，日落而息；僅守本分，勤儉持家，對未來從不抱太大的希望，總是認為兒孫自有兒孫福，日子難過還是要過。就因為這種觀念的延伸，老一輩的鄉下人，額頭總是特別的低窄。代表著靠天吃飯，上班族的天性。

總之，「前世今生」乃人類進化過程中的註定因緣，以「民俗」的角度代表了世世代代香火的延續，以「科學」的角度代表隔代存在著遺傳基因，以「宗教」的角度代表三世因緣中所強調因果輪迴的報應性。故父母親的種種思維，將影響子女五官與子女觀念上遺傳學的進化，也深深左右了子女的後天行運，豈能不慎！

參・面相入門篇

先天註定的因緣

面相學談「命中註定」！這是革命性的創新及潮流進化的結果，也是華山派繼紫微斗數後，再次公開它千年神秘的面紗，藉此將現代面相學由統計化提升到公式化、系統化、科學化的學術領域，好讓愛好面相者得以跳脫古文的艱澀，帶領著面相學新的革命，加速另一波學習思潮的來臨。

「有其象，必有其物」，為命中註定的公式，人類的五官本來就來自父母及前世未了的因緣，科學上稱之為遺傳基因；子女的五官必定與父母的五官相似，子女的工作又與父母的事業相差不遠。所以，人類有什麼樣的五官，一定有什麼樣的個性與現象；要成就什麼樣的事業，必定要發揮面相五官上的特色才能達成。現舉例說明如左：

一、農夫之額

鄉下的農夫日出而作，日落而息，勤儉持家，事必躬親，凡事自己來比較安心，認為別人靠不住，此乃額頭窄之故。故額頭低的人，在感情上為死腦筋，當下思想轉不過來；當她愛上一個人時，反而因為過度干涉，使得另一半在事業上難有突出的表現。故額頭低的人，為自立更生、獨立部門、獨立小組、獨立創業的格局。

二、哭泣之嘴

小孩子碰到不如意的事情後，嘴角兩邊總是往下而傷心哭泣，乃象徵嘴角往下之人，一定會發生人、事、物的傷心事。例如：一、小布希總統遇到九一一事件。二、李登輝總統遇到九二一事件。三、謝長廷市長遇到宋七力事件，皆是嘴角往下者的結果因緣；舞台上嘴角往上的好人，總是討人喜歡；嘴角往下的壞人，就是令人討厭。所以，電視台的主播三成會嫁給富貴者，不是沒有道理的。

三、耳朵之福

自古以來大耳朵皆被認為「福氣或福報」的象徵；此乃知其然，而不知其所以然，大耳朵只表示當下之行業有福報或事業能長久而已，並不表示此人有成功的條件。例如：不用向人乞討的窮人或背著小孩賣玉蘭花的媽媽或沒有工作在家看小孩的三級貧婦，三者是不是都上了電視或報紙的社會版面，經由媒體傳播後，他們都得到社會的幫忙，生活有了顯著的改善。這難道不是大耳朵所帶來的福報嗎？

四、前世之情

瓜子臉乃尖下巴之人，以宗教的角度表示欠下前世之情，上天要你今生來還債。故後天行運中必定會遇到冤親或債主的生肖，而了業與還債的果報因緣，將使你的人生旅程更加完美。如大企業家王永慶或影歌星（瓜子臉）的感情，兩者是不是不斷有「緣起與緣滅」的情緣發生，正印證了感情債的因果論。

五、紅顏薄命

自古紅顏多薄命，女人遇上婚姻不幸福，這是多麼無可奈何之事。以宗教的觀點，乃還前世所欠下之債；以華山派的觀點，一丈之內才為夫（丈夫）；聚少離多的男人，才是您的丈夫，紅顏薄命乃額頭高，下巴尖的女人；額頭屬火，下巴屬水，水剋火，此乃水火無情的因緣。故想要避開掉這命中的註定，依靠自己很重要，自己有了成就，您的男人就會在身旁；自己本身的條件差，您的男人就註定在外面。

六、亂世英雄

筆者在十幾年前預言，前總統陳水扁先生為亂世英雄的格局，愈亂的環境，他愈能從中獲取利益。在他擔任國家元首時，社會的亂象乃天性之使然；2004年總統大選，就是最好的明證。此乃物以類聚的原理，什麼樣的環境，一定會有什麼樣的因緣存在。亂世得利的條件，眼睛一定要鬥雞眼，陳總統的夫人也是此格局之獲利者，因車禍而得到市長夫人與總統夫人之尊貴。

七、幫夫旺夫

幫夫與旺夫不同，幫夫的女人，要協助丈夫，是自己親自勞碌才會有收穫；旺夫的女人不同，丈夫娶了她之後，工作或事業皆能一帆風順。而幫夫與旺夫兩者間，最大的區別在於格局不同，幫夫的女人，成功必須靠自己不斷的努力，才能達成希望；旺夫的女人，成功總是有貴人幫忙，富貴倍數成長。領悟了條件的原理後，就該明白事半功倍的運用。

後天做對的因緣

人類的五官為前世因緣的來時路，科學上稱之為遺傳學，而前世的因緣，反應在面相，各代表不同的意義，額頭表示前世之緣，痣表示前世之業，地庫表示前世之情，眼睛表示前世之債。前世之緣、業、情、債，以宗教的觀點，前世為因，今生為果，乃象徵前世與今生的因緣，為人類必須經歷的果報。

面相五官上的緣、業、情、債，乃象徵人的生命中必將出現讓您了業或還債的冤親與債主。而五官沒有對與錯，是與非，吉或凶的分別心。這正是華山派在命理學上所一直強調，只要「做對因緣」，做對您自己面相五官上的因緣，就是改運，就是了業。

命宮（兩眉之間）或官祿宮（命宮的上面）有痣者，其人必定經歷命運的捉弄或面對無情的人生考驗。然而，只有做對因緣之人，才能趨吉避凶，化險為夷，改變造物者的定數因緣。現舉例說明如左：

一、佛祖之痣

佛祖的痣在官祿宮，這是前世之業，所以祂有先天事業的業障，二十八歲時看見人生的生、老、病、死，感慨萬千，人生有了新的覺悟，產生了新的使命感；祂皇帝不做，逃出了皇宮，一生過著漂泊的生活。領悟了空的哲學，做空的事業，化真空為妙有，成就非凡的佛教世界。

二、阿B之痣

阿B的痣在命宮，影藝事業曾經飛黃騰達，溫拿五虎時期留下不可抹滅的成就。然而，他卻敵不過命運的捉弄，從離婚到對外宣布破產，正式走入「空」的人生旅程；在在顯示阿B新的感情緣、新的子女運、新的事業因緣，乃因為他的人生從零開始。

三、崔愛蓮

崔愛蓮的痣在命宮，無常的人生，曾經走過五光十色的花花世界，也曾經黃泉路上走一遭；無情的因緣，讓她經歷無數次事業的更新；最後，因為空的現象（痣），空的因緣（運），結束她空的生命。

四、林豐正

林豐正為國民黨的前祕書長，因為痣在命宮，他的人生也經歷無情的因緣，當完台北縣長後，民進黨仍然在執政，當了台灣省副省長，台灣省被廢掉了，在他任國民黨秘書長時，連戰兩次總統選舉皆落空。此乃命理學之人、事、物「有變無、無變有」的最好明證。

五、陳庚金

陳庚金為前國民黨的考紀委員會主委，命宮上有一顆豆粒大的痣，本該面對人生無常的因緣；因其做對因緣，讓別人為空，本身就不為空，故其事業十幾年來皆一帆風順。陳主委開除過李登輝、林洋港、宋楚瑜、郝柏村……等。

六、恩愛夫妻

楊溪郎先生的妻子，命宮上有一顆痣，原表示夫妻感情的無情，如阿B夫婦的生離，崔愛蓮夫妻的死別。因為夫妻兩人「做對因緣」改變了兩人的一生。原來楊溪郎的妻子，自從結婚後一直稱其先生為「死人」（台語），溪郎＝死人，空的夫妻，空的因緣，避免了無情之凶象。

人間三俠說天性

「面相五官，天地三配，人間三俠」，在命理學上乃象徵著所謂：「人法地，地法天，天法道，道法自然」的自然天道，三者休戚與共，相輔相成。人間三俠代表了先天俱足的因緣，天地三配代表了後天運勢的強弱，面相五官代表了流年現象的吉凶。而三者在論命研究上，卻為在天成象，在地成形，在人成事的應用；這天、地、人之自然天道，以人間三俠佔據最重要的部分，各代表面相學上三種不同性格之人。這是面相學上最基礎的學問，也是「體用關係」上學理的研究，是學習面相成功的關鍵；有如「紫微斗數」生年命盤與大限命盤之體用關係或「陽宅」四周環境與室內擺設之體用關係；沒有生年命盤的先天定數，就無大限命盤的後天運勢；沒有四周風水的條件，就不能產生室內擺設的吉凶。現就人間三俠部分加以分析如下：

楊花水性格

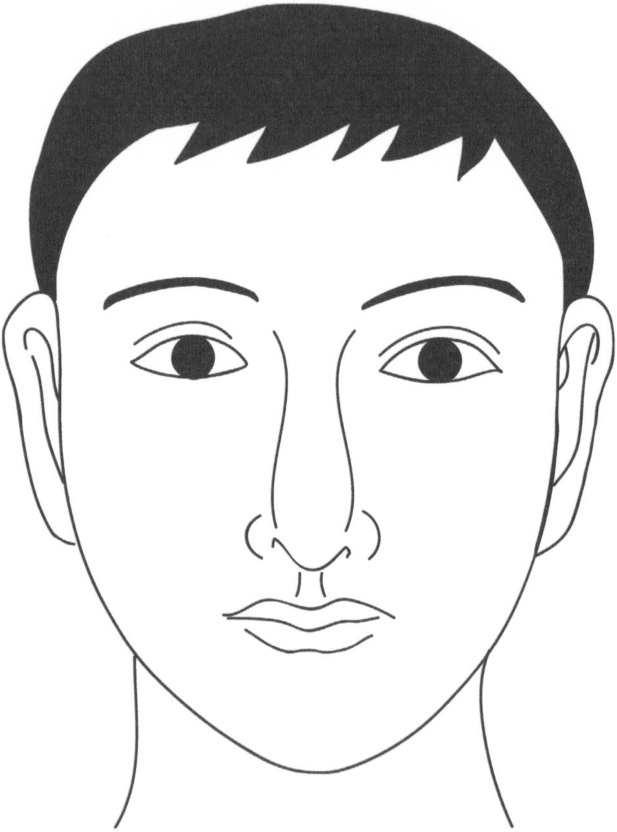

圖一

一、楊花水性格：瓜子型的臉，額頭高、膚色白、眼睛大，為「對人」的格局。

1.【理想性】：心思細密讓人要求完美，計畫長遠讓人理想過高，重視名譽讓人忘了自己；故此命格之人有追求富貴的條件，但不可輕忽人、事、物因緣上的不穩定。

2.【短暫性】：短暫性的因緣對「人」感情爭執多，對「事」環境不穩定，對「物」喜新又怨舊。故此命格者短暫性的行業為其最大之利益，但不可忘記埋怨的心態會讓人感情因緣再次輪迴。

3.【回顧性】：生活在回憶與懷念的舊情裡，這是楊花水性舊愛因緣中獨特的天性，而看不開、放不下、捨不得讓其不得安寧，小心眼的個性更讓自己陷入埋怨、憂愁、悔恨之中。故此命格之人具有「明天會更好」的思維，但不能忽視他由失望走向絕望的心態。

4.【桃花性】：氣韻高尚，舉止優雅，思想活潑，浪漫自在都是形成桃花人緣的條件。故此命格之人除了享受它獨有的老師、科技、公關、策劃……等等工作優勢外，更不可忘記他命帶桃花所延伸出來的困擾糾紛。

5.【變化性】：此命格之人一生變化無常，有如海浪般不停的到處流浪，不管你願不願意潮來潮去的人生總是跟著你；走在時代的尖端，求新求變，才能跳脫感情的束縛。但別忘了想要浪花美麗，必須不斷的向岩石衝擊。

生龍活虎格

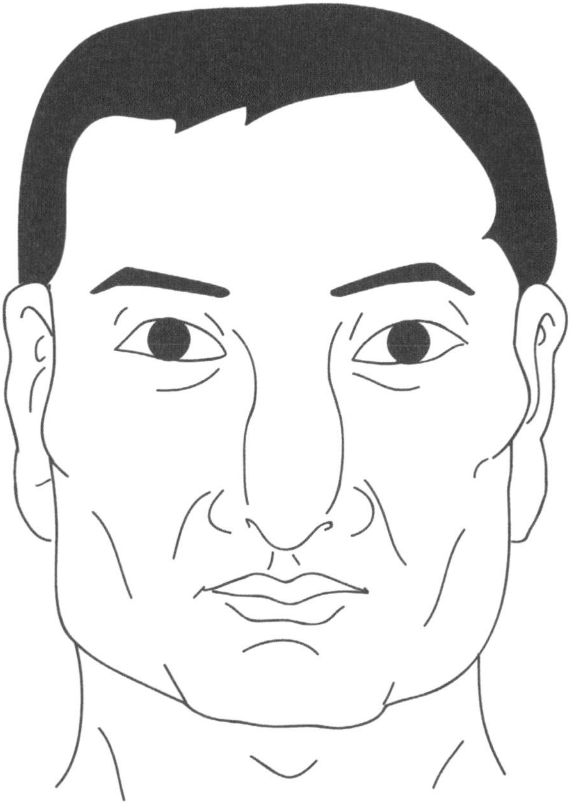

圖二

二、生龍活虎格：國字型的臉，額頭低、膚色黑、鼻子高，為「對事」的格局。

1.【務實性】：擅長於觀察，務實於現狀，但缺乏長遠的目標；實事求是，講求多少實力做多少事情，更是行動派的代言人。此命格之人最大的優點是腳踏實地令人讚賞，缺點是少了那麼一點抱負。

2.【勞碌性】：生龍活虎的勞碌性是不分條件，它上至將軍，下至勞工朋友都俱足此天性；天命不喜歡固定因緣，動態心強讓其不得清閒。此命格之人最大的利益在於業務、外務、驛馬的工作。

3.【衝突性】：強硬、抵抗、破壞為其天性天命，是非、競爭、官訟為其事業因緣；一生樹敵眾多，容易感情用事，導致自己陷入是非當中。故此命格之人培養專業的能力是何其重要的條件。

4.【成就性】：以宗教的觀點有所謂的「了業與還債」，這裡所說的「了業」就是成就性，就是做一件事情能夠有始有終的堅持到底。故此命格之人吃苦、堅持、獨立讓其成就事業，好打抱不平、人情味濃厚，致使自己成為別人的貴人。

5.【蔭人性】：此命格之人固執、講理、易得罪人為其天性，一生為朋友犧牲，為老闆賣命，為生活忙碌，而終於導致家庭無緣。故蔭人性的最大利益在於福蔭子孫，在於向上提升自己的條件；不在於燃燒了自己，照亮了別人。

祖蔭福報格

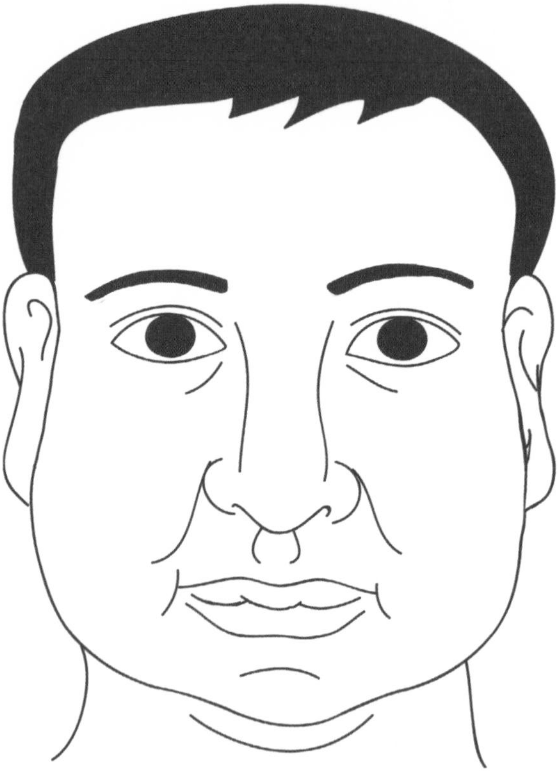

圖三

三、祖蔭福報格：肥胖型的臉，耳朵大、鼻子大、嘴巴大，為「對物」的格局。

1.【現實性】：重利益，講私利，為老闆的格局；講利害關係，講互相得利，一生較安定富有。此命格之人優點於做生意賺得理所當然，缺點於無知心的朋友，故現實性乃此人最大之物質利益。

2.【秋收性】：擅長於營謀，靈敏於機智，處理事務圓融，是雙贏的創造者，更是雙方利益的收成者。故此命格之人適合仲介、佣收、和事佬……等等行業，是有事業經營成功的條件。

3.【保守性】：自掃門前雪，莫管他人瓦上霜，為其最典型的心態，懶惰、飲食、微笑、圓融讓他領悟平安就是福的道理。故此命格之人優點於工作持續性強，缺點於不知求新求變對企業未來有多麼的重要。

4.【物質性】：重視物質生活為其天性，他不像楊花水性般似水柔情，但他如麵包般令人有安全感，故此命格之人乃討價還價的高手，為利益結合的好朋友；缺點是要門當戶對才能結成好親戚。

5.【安定性】：對事三思而行，對人利益分享，對物多多益善；這是它天性安定的條件，也是分手後還能當朋友的格局。故此命格之人、事、物的因緣較穩定，缺點是高利益的引誘只怕會改變初衷。

肆・面相基礎篇

十二宮圖

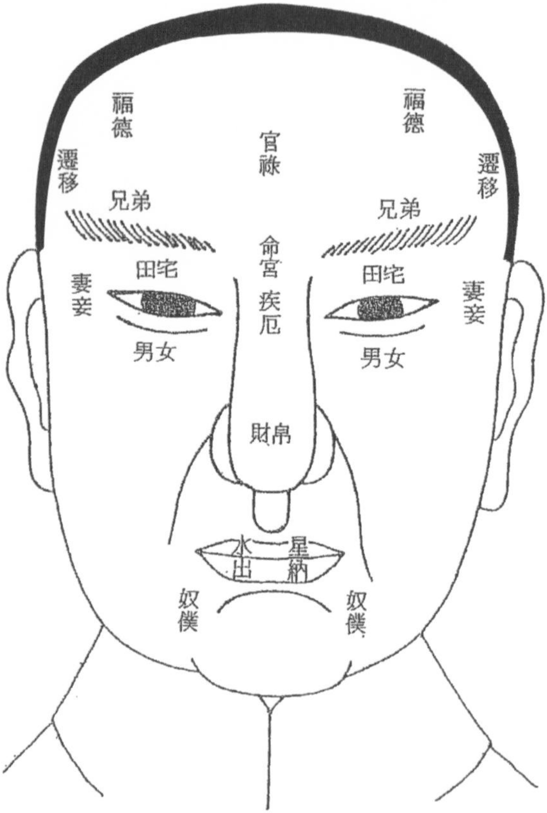

十二宮位之內涵

面相的十二宮位相法與紫微斗數的十二宮位論法完全相通，皆表示個人先天十二宮位的基本公式。它只是現象，不是吉凶；這是一般學習命理之人所最不容易分辨清楚。而體與用的關係，卻是學習命理學的關鍵，如建築房屋的基礎結構，根基不穩，房屋如何能夠堅固呢？「體」為先天俱足的天命因緣，「用」為後天運勢的強弱興衰。例如：淡眉毛者，乃象徵夫妻先天俱足無緣之象，這是「體」；然而，當行運走到31歲至34歲眉毛的流年時，後天環境就會產生夫妻無緣的事實，此為「用」。這就是「體用」關係的運用；沒有「體」的天命定數，哪來後天運勢「用」的吉凶？

十二宮位為學習面相的基礎，從先天人、事、物的註定因緣至後天運勢的盛衰，最後論述前世今生的果報，在在都需要以十二宮位做為本體，再推演出千變萬化的因緣定數。現就十二宮位的基本內涵，分析如左：

一、命宮：位於兩眉之間的宮位，又稱印堂。

1.在人—表示個性、健康、願望、內心世界的真我。
2.在物—表示意外、情緣、財帛的因緣。
3.在事—表示工作、事業、專業的定數。

二、兄弟宮：位在眉毛的部位。

1.在人—表示個性、兄弟姊妹、夫妻感情、家族因緣的宮位。
2.在物—表示壽元、福報之有無。
3.在事—表示專業格與生意格之取捨。

三、夫妻宮：位在眉尾與眼尾的部位，又稱奸門。

1.在人—表示配偶、異性緣的天命。

2.在物—表示婚姻的對待關係。

3.在事—表示人緣財的應用學。

四、子女宮：位在下眼瞼的部位，又稱臥蠶或男女宮。

1.在人—表示子女、桃花、異性緣的天性。

2.在物—表示事業合作的因緣。

3.在事—表示教學或人緣的行業。

五、財帛宮：位在鼻子的部位。

1.在人—表示個性、環境、進化的因緣。

2.在物—表示先天獲得財運的條件。

3.在事—表示獨資與合夥的區別。

六、疾厄宮：位在兩眼之間的部位，又稱山根。

1.在人—表示先天的思維、脾氣、意外之定數。

2.在物—表示健康、災厄、勞力的因緣。

3.在事—表示面對後天環境抵抗性。

七、遷移宮：位在額頭兩側，即邊地、驛馬、山林的部位。

1.在人—表示先天出外或留守家園之定數因緣。

2.在物—表示旅遊、出國、移民、驛馬的因緣。

3.在事—表示貴人、留學、國際貿易的因緣。

八、奴僕宮：位在嘴巴的左右兩側及地庫的部位。

1.在人—表示朋友、部屬、同事、妻子、子女、老運的因緣。

2.在物—表示後天財帛與田宅的因緣。

3.在事—表示人際關係與後天環境的因緣。

九、事業宮：位在命宮上面，額頭中間部位。

1.在人—表示佛緣、貴人、長上、異性緣的定數。

2.在物—表示先天運勢的強弱。

3.在事—表示工作、事業、出國、移民的因緣。

十、田宅宮：位在眉毛與眼睛中間的部位。

1.在人—表示家運、人緣的因緣。

2.在物—表示家園、不動產的天命。

3.在事—表示店面、工廠、買賣不動產的因緣。

十一、福德宮：位在眉毛上面的部位，又稱貴人宮。

1.在人—表示嗜好、享受的天命定數。
2.在物—表示公媽福報的因緣。
3.在事—表示貴人、專業、生意的條件。

十二、父母宮：位在額頭中央兩側凸出來的部位。

1.在人—表示貴人、父母、長上、老師、宗教的因緣。
2.在物—表示聰明、智慧、外在世界的格局。
3.在事—表示貴人與長上提攜的註定。

十二宮位之淺釋

命宮

命宮位在雙眉之間的部位，這是最重要的部位；它關係著一個人的性情起浮、願望得失、壽元長短、事業成敗、成就高低，一個人終生受其影響，又稱印堂。它是個人的心性、念力、願力最先感應的地方；也是目前運氣的順逆，願望是否能夠達成，以及升官、發財、納福顯現的宮位。

一、寬廣的命宮：

1.條件論—古人皆認為命宮寬廣的人，肚量大，其實這不是有無肚量的問題，而只是象徵個人人、事、物的條件不同。

2.功名論—當發生失敗或喪志後，所表現出來的勇敢、積極、開朗、樂觀、進取、福蔭、領導等魅力，皆是先天俱足成功的條件。

二、狹窄的命宮：

1.條件論—這是勞碌命的性格，此命之人對一切人、事、物因緣的得失，皆具有想不開、放不下、捨不得的心性，尤其對人之不如意，很容易表現出來。

2.功名論—求新求變的天命性格，這是專業者的條件，人類進化的原動力。

三、過寬的命宮：超過兩根手指頭為標準。

1.意志不夠堅定。

2. 容易相信別人。
3. 做事大而化之。
4. 不大會拒絕別人。
5. 健忘性。

四、有痣的命宮：以宗教觀點。

1. 生命過程的坎坷—當作人生的大道場。
2. 無常的人生際遇—要有吃苦如吃補的人生哲學。
3. 前世今生的輪迴—用歡喜心去迎接它。
4. 三世因果的劫難—真空才能妙有，放下才能重生。

兄弟宮

兄弟宮即眉毛的部位，它是看兄弟姊妹的助力性、夫妻感情的濃淡性、家族因緣之註定性、個人條件的專技性、祖蔭福澤的富貴性，以及長壽短命的壽元性。故又稱保壽宮。

古人將眉毛分成八要件：1.要退印。2.要居額。3.要毛順。4.要過目。5.要尾聚。6.要有彩。7.要有揚。8.要根根見肉。以上八種條件乃兄弟宮達成人、事、物因緣的最大利益，一個人只要符合以上條件，加上面相其他部位配合，主其人少年早發，為富貴的格局。

一、眉毛濃密——用情較深，怨恨較濃；處事執著，少年早發。

二、眉毛疏淡——沒有原則的原則，生意格與溫柔格的分別。

三、高低之眉——三角習題之家族，已受傷過的夫妻因緣。

四、眉頭理智——亂眉交錯，心性就會比較矛盾。

五、眉尾感情——眉淡緣淡，容易感情用事。

六、眉毛下垂——眉淡下垂，衰尾道人；眉粗下垂，鐵漢柔情。

七、眉毛直線——女命中性，有大而化之，不計較小事的個性。

八、眉毛彎曲——眉彎心柔，心思纖細，不強出頭，不得罪人。

九、漆黑吉痣——得親人或親密家族幫助而成功。

十、淺灰惡痣——親人或親密家族中，會有人突遭大意外。

十一、眉毛中斷——親人中，有人生離死別之現象。

夫妻宮

夫妻宮在眼尾與眉尾的部位，即古人所稱的魚尾和奸門的位置，又稱妻妾宮。它是觀看夫妻情分及性生活的部位；也是夫妻後天因緣之濃淡與異性因緣註定的宮位。

自古以來，先賢把夫妻宮上的痣謂之剋妻與刑夫，事實上，這只是論述夫妻先天「無緣」而已，並不代表夫妻真正的「無情」；一定要其他五官再一次有夫妻無緣的第二種現象，才會發生夫妻無情的事實。故夫妻宮長痣，有時候更有利異性緣行業的發揮。古云：「落花不是無情物，化作春泥更護花」，就是告訴我們做對因緣乃趨吉避凶的改運法。

削陷肉薄——則夫妻的姻緣，必相對淡薄，最容易因衝動或盲目而選擇對象，或因後天環境的因緣，而造成先天無緣的註定。

豐滿色潤——男女皆可獲得賢妻良夫的緣分，而人體內所發射的電波，更會吸引相同頻率的異性因緣。

左邊有痣——男性有異性緣、桃花緣，先天註定夫妻刑剋的姻緣，也會因異性而受到傷害。

右邊有痣——女性特別有異性緣，可以選擇做對因緣而不傷害夫妻情分。

少年早紋——這種人少年早熟，非常勞碌；也象徵早遇情緣，假如再早婚時，二次姻緣乃在所難免。

妻妾氣色——論吉凶時，皆要有單象不成物，雙象成物對，三象成一物的觀念，即要有本命氣色與大限氣色與流年氣色三種面相一起觀看的概念。

1. 青色——主男女間發生憂愁或驚嚇之事。
2. 赤色——主男女間發生口舌或是非之事。

3. 黑白—主男女間發生悲傷或生離死別之事。
4. 紅黃—主男女間有和諧或如意之喜事。
5. 暗昧—主男女間已發生分離或少緣的現象，不見得感情不好。

子女宮

子女宮位在眼睛的下方，即下眼瞼的位置，遠遠望去會隱隱高起，又稱臥蠶或淚堂。此處乃「心腎之交」為自律神經中樞分布地區，與腎臟、生殖、血液、內分泌系統有不可分的關連，故又稱男女宮。嬰兒成胎源於父精母血，故子女宮象徵子女的因緣，此處乃表徵心性的宮位及個人的行為是否符合社會的道德標準，又稱陰騭宮，代表福蔭子孫。

廣義的子女宮代表意外、子女、桃花、房屋、部屬……等現象；而論命之技巧在於當下的條件，即以個人目前現狀的環境論命。如陳水扁先生貴為國家元首，就要以他總統的身分論命。例如陳總統九十三年的運勢為子女宮有凶厄之象，乃象徵他有意外（受傷）、子女（生離死別）、桃花（待查）、房屋（整修）、部屬（出事）的事情發生。因為，凶象的能量有100％，看你要一次用完它，還是要分散凶厄的能量；陳水扁總統就是最好的明證。他分散了子女宮的各種現象，讓他避開了死神的呼喚。這就是改運，就是趨吉避凶的方法。而傳統宗教的改運儀式，心理治療佔了絕大部分；宗教本身不會害人，只有江湖術士才會裝神弄鬼騙活人。

枯陷無肉——乃子女無情之象，代表生離死別之意，引申無子女或為子女勞心勞力，又得不到子女的回報。

斑痣缺陷——父母對子女的關心與愛心，會變成為子女的操心與煩心；父母過分的溺寵，會培養成不孝子女；子女的聚少離多，反而有助「了業與還債」的天命因緣。

青筋紅脈——心性轉換為消極，一切變成不如意；表徵即將發生凶厄之現象，故應即早修行，個人的修心養性可化解凶險能量的凝聚。

光潔潤色——子女宮有潤色，表示子女有祖蔭的福報及子女有出人頭地的機緣，或代表了會因合夥合作之事而得到利益。

財帛宮

財帛宮即鼻子的部位，是看一個人先天財運的因緣、財富聚積的條件、金錢應用的多寡，以及物質生活與精神生活的選擇。同時也是表彰個性、抵抗、強硬、獨立、文明、進化的象徵。

廣義的財帛宮，包括天財、人財、地財三種。天財即天倉部位，代表先天祖蔭之財帛；地財即地庫部位，代表後天人助之財帛；人財即鼻子部位，代表個人努力賺錢之財帛。此天、地、人之三種財帛的條件，正是三象一物的最好明證；換言之，俱足三種條件財帛之人，此人之財帛必定成倍數成長。

鼻子高低——乃表示個人心性之精神與物質的分別，或獨資與合夥的條件。

鼻子大小——為個人賺錢條件的優劣，或攻擊與防禦之區別。

鼻子顯隱——乃象徵個人財帛支出的因緣，及天生格局大小的條件。

左右不同——為投機、偏財、兼財之因緣，潛意識裡有一夜致富的念頭，為不按牌理出牌之人。

孤峰獨聳——主觀強，有才氣，但有自以為是之本性而不自知。此命孤獨性重，對親人刑剋強，做對讓自己尊貴的行業，可避免或減輕人生無情的天命。

鼻子痣傷——1.做事吃力不討好。
2.喜歡唱反調。
3.有財來財去的因緣。
4.有花錢消災的天性。
5.說的話別人會打折扣。

扁塌鼻樑——1.閒不住的人。
2.自卑感較重。
3.努力不受重視。
4.再次因緣才會成功的人。

5. 勞碌之天性。

美好挺鼻——此人思想積極，精力充沛，有往上爬的企圖心。女命有嫁良夫的機緣，同時也有成功的條件。

疾厄宮

疾厄宮位在印堂之下，兩眼之間的位置。即山根部位，又稱健康宮。它關係著一個人健康的情形、環境的抵抗力、繼承祖業的條件、夫妻的對待因緣、是非意外的註定，及面對災難的應變力，此部位乃人生成敗的關鍵部位之一。

疾厄宮乃人生運勢之四大關隘之一，

此四大關隘為一個人的瓶頸點，也為變化因緣的突破點；人生衝破了此障礙線，則又是另一階段的開始。那麼，何為人生的四大關隘呢？就是二十八歲的第一大關隘，四十一歲的第二大關隘，五十一歲的第三大關隘，以及六十一歲的第四大關隘。而疾厄宮所面臨的轉機點，正是人生的第二大關隘，成敗、得失、吉凶、禍福，皆在此時明朗化。

一、肉薄——1.事業上勞碌辛苦。
2.心性上容易消沈。
3.情緒常常失控。
4.夫妻因緣折磨。

二、有痣——1.易有三角關係的情事。
2.面對新的人、物、事因緣。
3.面對人生的轉捩點。
4.再次因緣反為吉。
5.坐忘觀空好未來。

三、缺陷——1.易陷入低潮。
2.易往壞處想。
3.有無奈感與無力感。
4.重覆的人、物、事因緣。
5.對別人奈何不了。

四、薄黑——1.勞碌命的性格。
2.辛苦中求財。
3.夫妻無緣之象。
4.無條件投資之人。

五、段形——1.事業中斷之象。
2.兩次以上的姻緣。
3.三角關係。
4.主管或老闆格。

遷移宮

遷移宮位在前額兩側，靠近髮鬢之處，即邊地、驛馬、山林的部位。它關係著一個人先天出外的命格、後天落葉歸根的定數，及出國、旅遊、留學、移民、驛馬的因緣，為國際貿易的事業條件。

華山派面相學的重點在於天、地、人三者合而為一，其公式化的基礎在於「單象不成物」，「雙象成物對」，「三象成一物」的觀念，如同數學公式般，單點為點，兩點成線，三點就成為一個面。如遷移宮寬廣之人，出外逢貴人，為第一種現象；耳朵小的人，出外也逢貴人，乃第二種現象；下巴尖小之人，出外同樣也逢貴人，此乃第三種現象。組合三種現象的公式後，就形成了絕對的現象與絕對的吉凶；解釋上乃此人一生中只要出外，貴人一定會出現；不出外時，則人生不能發揮所長。這就是華山派面相革命性的創新與科學化，希望藉此主導面相學的向上提升。

一、豐滿高隆──出外易逢貴人相助，事業發展在遠方得貴，有出國旅遊的因緣，驛馬將降低親人的刑剋。

二、出國遠行──遷移宮出現彩紅透明的喜色時，表示遠方捎來喜訊，如生意成功、移民批准……或獲得國外大學入學資格。都為此部位黃明氣色的預告。

三、生痘色暗──當您發現此部位長青春痘時，行運將出現不利的因緣，如旅行不利、調差不成、搬家損財……一切與出外有關的事情，都會有較不利的影響。

四、痣疤缺陷──表示先天命中犯小人，出門在外忌諱與人結怨，紫微斗數有【路上埋屍】的說法，說明了此命格之人，最不利在外因緣。

奴僕宮

奴僕宮位在地庫的部位，即下巴的左右兩側，及左右臉頰外側（懸壁）的位置。它是觀看一個人領導才華的條件、部屬的親疏因緣、朋友的後天情義、家庭因緣之有無、不動產因緣之有無，以及老年生活的一切情事。

各種命理學皆分先天與後天的論命因緣，面相學當然也不能例外。奴僕宮的先天因緣在額頭，關係著幼年時期受人照顧的因緣，及童年玩伴的情誼；奴僕宮的後天因緣在地庫，它代表著一個人的人際關係與後天行運的助緣條件；當先天與後天的條件俱足時，奴僕宮的力量就能發揮得淋漓盡致，事業上的成就將會倍數成長。所以，有些專家常說「性格決定命運」是不完全正確的，因為，個人先天俱足的條件（性格也），只能決定命運的方向而已；而後天運勢之因緣才是「命運的吉凶」。

一、鼻斗型——防禦型的面相，個性雖保守，但能保握運勢與運用機緣，成就一番轟轟烈烈的事業。

二、長下巴——忍耐力夠，持續力強；老運轉吉，可享受家庭親情的生活，及眾生因緣的果報。

三、雙下巴——重人際關係的因緣，享子女親情的天倫；老來有伴，有天命註定的家庭生活。

四、痣斑痕——執著的個性，讓他面對人生的大變化，人、事、物的遺憾，使其只能享受限制的愛。

官祿宮

官祿宮位在額頭的中央部位，即髮際之下，命宮之上的位置。是一個人表彰聰明與智慧、工作與事業、地位之升降、奇遇之良緣、努力之報酬，及願望是否達成，都可以從這個部位得到答案。

佛教常有「深耕福田」的觀念，是教人起心動念時皆要心存善念，假如人生有了理想目標後，一定要堅持到底；以面相學的角度，就是做對因緣，做對您面相五官上最有利的條件，即是「深耕福田」。舉例說明：官祿宮寬廣之人，古云：「男天庭，女地庫」，乃象徵著男人俱足功名的條件；假如此人深耕此宮位的福田，努力堅持事業的挑戰，不但讓自己的事業成就非凡，也代表為子孫累積福德。故官祿宮寬廣之人，象徵積善之家必有餘慶。

一、伏犀貫頂——1.直覺性發達。
2.自尊心濃厚。
3.青少年已經不同凡響。
4.易得長上重視或提拔。

二、頭角崢嶸——1.從小得長上之照顧。
2.少年早得志。
3.常常遇到貴人相助。
4.宗教的因緣濃厚。

三、積善人家——1.積善人家必有餘慶。
2.得自公媽優良的遺傳。
3.福蔭子孫。
4.積陰德的公媽家庭。

四、額頭窄小——1.有強烈的反抗意識。

2. 易頂撞長上。
3. 缺乏長久的忍耐心。
4. 事業常變動。
5. 與父母的緣分淡。
6. 直腸子，不善長表達情感。

田宅宮

田宅宮位在眉毛與眼睛之間的部位，顧名思義，它關係著一個人不動產的天命、家鄉的人情味、家庭的因緣、主人的個性、眾生的情緣，及重視聲望的條件。

「落葉歸根」乃東方人自古以來的思想，表現在五官上，田宅宮就顯得特別

寬廣，就因為如此，「告老歸田」、「衣錦還鄉」、「往生後要回故鄉安葬」……等觀念，也就一直與田宅宮寬廣的人有關。西方人則不然，不但宗教在世界各地傳福音，世界警察的角色，也讓他們的士兵在世界各地駐守或發動戰爭。在在顯示了「落葉歸根」乃田宅宮寬廣者的專利；而田宅宮壓眼者乃「隨遇而安」的天性。

一、豐滿明潤——1.表示有買不動產的條件。
2.有享受家庭生活的情緣。
3.有少年早發的因緣。

二、凹陷無肉——購買不動產時，會比別人不順心，不是價格過高、地點不理想、偷工減料……，就是會發生是非與糾紛之事。

三、田窄寬厚——1.思想保守，喜愛安定。
2.向上心較強。
3.大眾傳播的行業，可以讓自己有機會擠入上流社會。

四、田宅狹窄——1.急性子，無法享受長久愛的天地。
2.勞碌命的天性，使自己不得安寧。
3.較不能繼承祖業或有先敗後成的條件。

福德宮

德宮位在眉毛的上方部位，顧名思義，是觀看一個人先天財帛的條件（天之倉）、祖蔭的恩澤（福之堂）、嗜好與享受、專業與貴人的位置。福在德之上，如同龍穴者，有德行之人得之。可見有道德的人，其祖蔭的恩澤才能長久。

福德宮乃象徵個人一生之福報因緣，共分天助、自助、人助三種助緣；天助在天倉部位（天之倉），自助在鼻子部位（人之助），人助在地庫部位（地之庫）；天助關係

著先天財帛的因緣，人助關係著後天財運的大小，自助關係著個人努力的條件，而福德宮就是先天祖蔭的福報與後天累積的成果所組合而成。所以，唯有三者兼備之人，才能享受與天俱足的富貴因緣。

一、天倉男陷，女管財——男人的天倉凹陷，女人也要負擔家計。

二、眉尾拂天倉，出入近貴——天倉飽滿者，為有福報之人，有貴人提攜的因緣。

三、頻遇吉祥，蓋謂福堂潤澤——富貴乃天成，是命中定數的條件。

四、天地相朝，功名早馳於金闕，倉庫扶拱，富有已播於鄰邦——富貴兩全，名利雙收，乃因天倉與地庫的條件俱足。

五、福德宮缺陷者——1.不容易繼承祖業或先敗後成格。
2.勞碌命，不易安享清福。
3.有破財或資金週轉辛苦的現象。
4.自立格，依靠自己的努力，才能彌補先天財帛的不足。

父母宮

父母宮在額頭中央兩側的部位，從眉毛上方到髮際約三分之二處，有兩塊微微隆起的頭骨，又稱日月角。是個人觀看祖先的恩澤、父母的緣分、長上的助力、宗教因緣的位置。一個人一生格局的大小、福報的有無，及智慧是否增長，皆可從此一部位顯示出來。

父母宮以宗教的角度乃前世之緣，為今生了父母業或還父母債的宮位。那麼，在面相學上又該如何應用它呢？父母宮代表事業的果報，這個部位美好時，象徵會遇到特殊的因緣而成功；假如能夠努力完成「了業或還債」的前世因緣而不覺得辛苦，則代表此人已面對「冤親與債主」的果報。則人生的旅途必將一帆風順。

一、青色——父母發生驚嚇或煩憂的事情。

二、暗黑——父母生病或與父母已經無緣之象。

三、突出——1.個性特別倔強。

2.有自己獨立的見解。

3.與父母或公媽有刑剋之實。

4.主管或老闆的格局。

四、缺陷——1.父母難雙全，左傷損父，右傷損母。

2.父母離婚，或與父母無緣。

3.福不全，得不到父母的恩澤。

五、老年日月角缺陷——1.長子出現問題。

2.老歹命，自己獨立生活。

3.當老師可化解天命的災厄。

4.開啟事業的第二春，有助於了業或還債的因緣。

十三部位圖

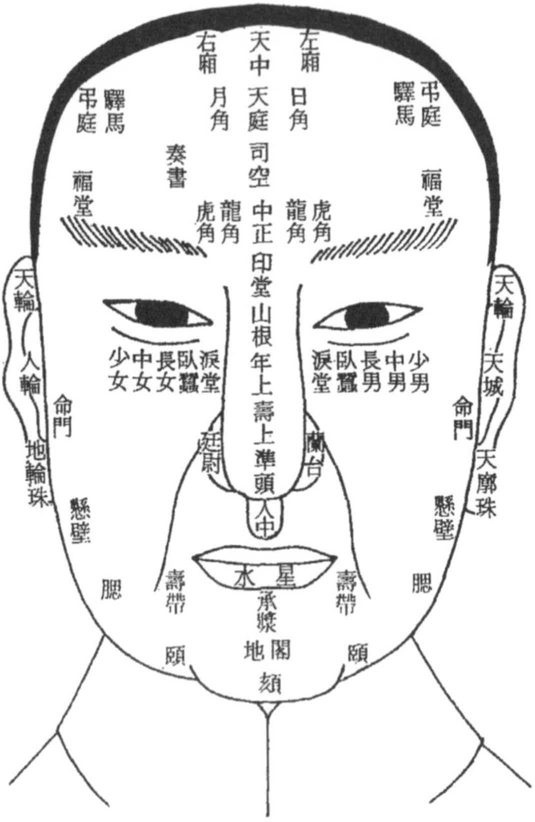

右廂
天中
左廂
弔庭
驛馬
月角
天庭
日角
驛馬
弔庭
奏書
司空
福堂
福堂
虎角
龍角
中正
龍角
虎角
印堂
山根
年上
壽上
準頭
人中
天輪
人輪
地輪
珠
天輪
天城
天廓
珠
少女
中女
長女
臥蠶
淚堂
淚堂
臥蠶
長男
中男
少男
命門
命門
廷尉
蘭台
懸壁
懸壁
水星
腮
腮
壽帶
壽帶
承漿
地閣
頤
頤
頦

華山面相話古今

「華山派面相」的名詞，緣起於造物者完美的面相傑作及華山派對面相古文今論的堅持，它與其他科學的知識一樣皆有完整的專業架構；它是筆者同理心的感受，想藉著推動面相學改革與創新的心意，用現代人物競天擇的現實思維，把面相學由艱澀的古文或兩極化的單論，向上提升到公式化、系統化、科學化的現代面相學。現將【艱澀古文】用符合【現實思維】的華山派面相學闡述如左：

一、頭要圓

俗稱：「頭大面四方，肚大聚財王。」頭大面四方做事持續，運勢也穩定；肚大在這裡可以視同地庫飽滿，地庫飽滿者乃財帛穩定，員工部屬的因緣濃厚。故引申為重視人際關係及進退應對得宜，有積極、努力、向上之心，這是事業成功的條件。

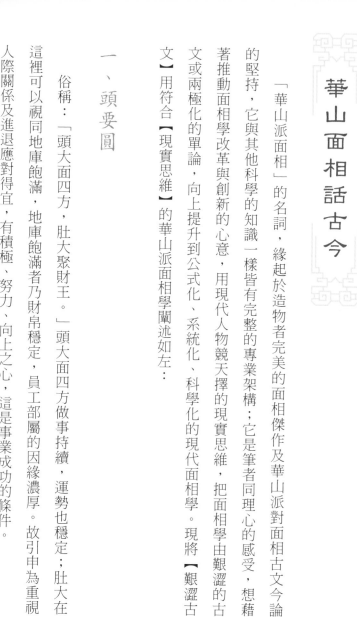

二、額要方

「男天庭，女地庫」乃古時候男女選擇配偶的條件。天庭表示男人未來前途光明，地庫表示女人帶財帶庫與多子多孫之意。【額要方】乃事業成功者的條件，《三國演義》敵人口中之方頭大耳的劉備，就是九五至尊的貴格；方頭大耳與地庫飽滿皆表徵成就的條件，旺夫的女人與成功男人的背後隱藏了富貴的面相。

三、骨要堅

五嶽（東嶽泰山為左顴、西嶽華山為右顴、中嶽嵩山為鼻子、南嶽衡山為額頭、北嶽恆山為地庫）論山，四瀆（眼睛為黃河、耳朵為長江，鼻子為濟水，嘴巴為淮水）論水，山管人丁，水管財；山明水秀，乃象徵富貴的條件。故五嶽豐隆者代表事業穩定與運勢長久。

四、肉要瑩

勞其筋骨，清其肌膚，引申為勞碌之人膚色微暗，安定之人膚色光澤；故面相學上論氣色，首重黃明美色，表示人生充滿希望之意；不論是經過努力之後的成功者或已經生長在富貴人家，膚色是不是總是特別的明亮。

五、顴要隆

強硬、權力、責任三者乃顴骨豐隆的特徵，表示有強勢的事業運；鼻子豐隆者個性必定自我，如西方歐美人士活在自己的世界裡，享受經濟所帶來的繁榮。而五官（額、眼、鼻、口、耳）其中之一官成，就會有十年的運勢，龍虎配更是二十年大運的代表傑作。

六、目要長

神明的眼睛與眉毛總是畫得特別的長，學術上一定有它存在的原理；命理學有所謂

【有其象，必有其物】，就是告訴我們眼睛細長者待人處世上有著積極、努力、持續的心，才能造就富貴的條件。故眼睛細長之人，做人理智，做事穩定，為專業、主管、老闆的格局。

七、耳要高

「鼻祖耳孫」乃面相學上專業的術語，鼻祖表示以我為中心的主張，耳孫表示耳朵如子孫，子孫是受家人照顧與愛護，故耳朵為福報的象徵，耳朵高提者，乃先天成名的格局或本人有想出名的思維。

八、鼻要正

鼻子如事業的心，鼻子高挺者重視事業發展；鼻子如財帛的緣，鼻子豐隆者重視金錢運用。故鼻子豐隆高挺之人乃成功的條件，搭配高隆的顴位組合，就是天地三配中之龍虎配，引申為中年後有富貴的條件。

九、口要彎

大家都知道這是微笑的標誌，嘴形往上揚；傷心的嘴巴剛好相反，口形往下垂。「微笑」大家跟著你微笑，「傷心」只有自己流淚。所以，口形上揚之人代表著積極與自信，會給自己帶來好的運氣；如電視台的女主播嘴角皆往上揚，而她們結婚的對象也都為富貴人家。

十、眉要清

古云：「少年兩道眉，臨老一林鬚」、「鬍鬚應與兩眉濃疏相配，長忌飄搖，短忌鎖喉，多宜清秀，參差為貴，少宜健光，有情為福」，皆表示眉毛的重要性；青少年時期如有兩道濃、密、漆黑的眉毛，必定有早成名的因緣，只是個人的條件不同，出名的方向也會不一樣，君不見國際舞台上成名人士與刑事犯罪之人皆有兩道濃眉嗎？

十一、印堂要寬

印堂即命宮，印堂寬廣者為當官的格局，命宮狹窄者為做事的格局，當官與做事總是一念之間；人生無常的變化，任何人都逃不出造物者的安排，做對面相五官上最有利的因緣，就是最省時又省力的事情。古人有所謂：「女怕嫁錯郎，男怕選錯行」，所指的就是做對因緣，在運勢上，這就是個人生涯規劃的最高指導原則。

十二、山根要聳

山根高聳者乃文明進化的表徵，當其面對人生之低潮或惡劣環境的挑戰時，這種人的條件最佳也最有反擊的能力，如飛行員、高科技工程師。反之，山根低陷者，乃多事之人，當其面對人生之低潮或惡劣環境的挑戰時，只有默默接受和無可奈何的忍耐，如落後民族、落後國家之人民。

十三、準頭要收

鼻子為先天的財帛宮，鼻子高隆豐滿者，以宗教的觀點，此人乃帶財來到今生，而鼻孔深藏之人更是富貴的條件，「快、狠、準」與「孤、獨、絕」為其現象的因緣。現任的大官與富豪就是如此，不是你達到成名的目的，就是你已面臨環境的無情。

十四、法令要顯

顧名思義，法令深長者乃重視法律或嚴肅之人，一個人法令深長代表自己社會地位漸漸穩定或表示親人有社會地位，這就是面相學上「象言往來」的關係。同理可證，先天老闆格局者，後天環境一定會表現他生意人的個性，不論他在任何的職場裡，都能表現獨當一面的氣勢。

十五、淚堂要平

淚堂即子女宮，子女宮代表子女、桃花、意外、搬家、讀書……等現象因緣，現象學一定要做廣義解釋，才能滿足所有人、事、物的現象，淚堂不但象徵與子女的所有對待因緣，也可將桃花轉換成人緣財的條件；搬家不但可以降低意外的凶象，讀書更是發揮子女宮的內涵。

十六、三停要稱

髮際以下至眉毛之間稱上停，代表青少年時期；從眉毛至鼻準之間稱中停，中停代表青壯年時期；鼻準以下稱下停，下停代表老年時期；上停、中停、下停合稱三停，三停均等著，此人一生衣食無缺，重視人際關係與職場倫理；眾生因緣濃厚，從事服務業是他最大的福報，後天運勢平穩安定，永續經營乃事業的最後目標。

十七、六府要開

左右天倉部位、左右顴骨部位、左右地庫部位，合稱六府。天倉表示天助之緣，地庫表示人助之緣，顴位表示自助之緣；故六府飽滿者，不但得到先天俱足的天助因緣，更因後天人助因緣而事業達成事半功倍之效，最後因為個人自助的努力而成就事業。

十八、輪廓要分

外耳為輪，內耳為廓，輪廓分明者，乃重視家庭生活與事業穩定之人，如輪飛廓反者，不但，先天俱足勞碌與驛馬的因緣，後天運勢上也要出外才能遇到貴人相助或不斷經歷挫折後才能功成名就。台灣經營之神王永慶先生就是最好的證明，一生奔波勞碌不得清閒。然而，他最後卻是一位成功的企業家，可見現象學與吉凶是不能畫上等號。

十九、日月角現

額頭寬廣者表示積善的人家，這是祖先的蔭澤留給子孫的證據。故富貴之人的額頭總是特別的寬廣；辛苦與勞碌的家庭，子孫的額頭總是特別的低窄。而日月角隆起者，更引申為得貴人之提攜而成就非凡的事業，或繼承父母之產業而發揚光大者。

二十、天地相朝

「天」表示額頭，「地」表示地庫，天地相朝即額頭與地庫形成一直線之意，乃象徵先天俱足福報之人，故一生貴人多、事業穩；運勢強、財運佳。得天倉（天助）與地庫（人助）之因緣者，只要再發揮自己的條件（自助），就是一個大富貴的格局。此乃「命與運」合而為一之表現，可造就個人一生之最大利益。

伍．面相五官應用篇【現象】

一、額頭的分類

額為火星，天中、天庭、司空、日月角皆在其中。乃貴賤之所。額頭乃觀察事業、婚姻、貴人、希望、聰慧、師長、老闆、父母、遺傳、祖蔭、道德、宗教、藝術……等宮位。相書云：「無額不貴」、「額有三要：一要天中平起，二要邊城豐起，三要山林隆起……主其人必為領袖人物。」、「額無日月角骨又無輔犀骨，但邊城豐起山林隆起者，主其人亦可大貴，並多為乘時而起之人物。」顯示額頭乃官祿宮之化身，它讓美麗的理想轉為成功的希望，它讓努力的付出變成相對的代價，它讓堅持到底的決心變為富貴的保障。

◎波浪之額

一、波動之額形。

二、波浪額形如海浪，潮起潮落的人生將帶著你到處流浪。

三、穩健前進將遭遇失敗的命運，求新求變才能擺脫困境的煎熬。
四、這是戰鬥型的額頭，隨時準備下個大限的挑戰，生涯規劃就變成最重要的課題。
五、出外與意外，出差與出事，留學與流血，驛馬奔波的事業能化解此額形的傷害。

◎M形之額

一、美學與藝術之額形。
二、M形額最適合藝術創作的發揮，其身體裡永遠流著藝術家的血液。
三、巧思、巧藝、巧緣能讓人得到口碑與名聲而不墜。
四、每一種額形在各行各業中都可能出現，千

萬不能固執於一定要用什麼額形的人來做什麼行業。重要的是不同額形在各種行業中應該扮演什麼角色。

◎美人尖額

一、眾生緣之額形。

二、柔和、潔淨、敏感、愛美是此額形的現象；勞心與變化的工作最有利事業的發揮。

三、演藝事業最多此種額形，這是靠人的行業，擁有眾多歌迷與影迷才能持續事業的高潮，這是人緣財的得利者。

四、美人尖額，對人會出現不和現象，對事要力求完美，對物要利益眾生。這是先天命格中做對因緣的現象。

◎寬廣之額

一、天助之額形。

二、積極、努力、恆心，可以快速當上老闆的額相。

三、拍馬屁而得貴人相助且工作運順利的額頭。

四、貴夫人的額相之一。再加上瓜子臉、膚色白皙、眼睛穩定、鼻子高隆就是完美貴夫人的條件。

五、此額相必須搭配微笑的臉與快樂的心才是成功的保證。

◎低窄之額

一、自助己助的額形。再次努力的因緣才是往上爬的生機。

二、這是專業的額相，一技之長的格局，自己有條件後貴人才會出現。

三、穩定中求發展的格局，太快發展的事業會出問題。

四、辛苦中求財的額頭，必須經歷壓力、勞碌、不順的過程，才能通往成功的路上。

五、此額形之人，富貴是自己奮鬥出來，而不是依附在富貴者的身上。

◎圓形之額

一、溫柔圓滿之額形。

二、女人是職業婦女的代表，辛勤工作與默默持家為其特性。

三、男人是穩定中求發展的格局，與人合夥合作為創業的開始因緣。

四、投機性的投資最不利，穩定與穩健的事業最長久。

五、這不是爭執後可以得利的額相，是非與衝突必須圓滿處理，才不致造成生活的困擾與負擔。

◎方形之額

一、人助之額形。

二、乃個性嚴肅，性情正直，頭腦聰明之人。

三、方形額相，做事腳踏實地，做人謹言慎行，是老闆心目中拓展業務的理想人才。

四、事業經歷折磨後，可以成功的額形。此額形

忍辱負重，任重道遠為其特質。

五、女命為夫勞苦與良家婦女的格局。最宜當職業婦女，不可閒賦在家。否則，健康容易出現問題。

◎天倉陷額

一、異性幫助之額形。

二、此額形乃幫助老闆成就事業的格局，老闆功成名就後務必記住「飛鳥盡，良弓藏，狡兔死，走狗烹」之歷史明訓。

三、倉陷表示先天的倉庫存糧有缺陷，不宜做與金錢有關的事，否則就是跟上天作對，必有大破財與災難之事發生。

四、天倉陷、女管財或因女人而損財。宋楚瑜先生就是最明顯的例子，財務由女人掌管，但也因女人而財務出問題。

◎傷痣之額

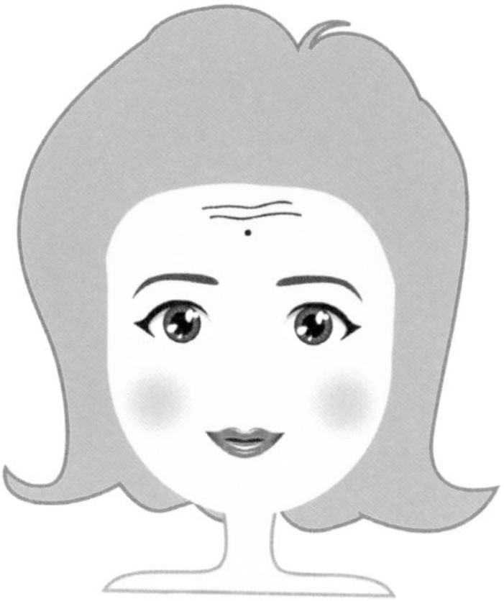

一、兩段人生的額形。爹不疼、娘不愛，祖蔭的恩澤與自己有互相排斥的因緣，乃白手起家或先敗祖產後興家的格局。

二、自求多福及有條件後貴人才會出現額形。此額形太依靠別人，其結果將事與願違。

三、俗云：「做到流汗，嫌到流涎」的命。埋怨會使業障再輪迴。

四、做別人不願意做的事，此種額形最能發揮上天所給予的天賦異秉而得到最大的利益。

◎前凸之額

一、承擔重任之額形。

二、俗云：「前凸金、後凸銀。」前凸金表示前途似錦，人生旅途常因特殊因緣之幫助而成功。

三、此乃旺夫之額相，旺夫的女人是男人的大貴人。

四、獨當一面的額頭，辛勤的努力一定會有意想不到的福報。

五、孤獨之額相，35歲後會漸漸有不婚的念頭。

◎後斜之額

一、是非攻擊之額形。

二、後斜額與窄額頭相同，皆有欠父母債與常換老闆的天命，故結婚生子或自己當老闆就是化解命中無情的定數。

三、這是快、狠、準的命格，不是講【情理】的對待。一切因緣皆在無情的【法律】中發生，只有利益才能找到成功的方。

四、動物型的額頭，專業才能尋找事業的出路，做對因緣就是利益。不對的緣分只會造成彼此的傷害。

二、眉毛的分類

夫眉者血之苗，媚也。為保壽官，在目之上，為目之彩華與面之儀表。它關係著人之兄弟姊妹、思想、感情、文學、技藝、福報、壽元、家族……等緣分與吉凶。眉有八吉【居額、退印、毛順、過目、尾聚、有彩、有揚、根根見底】。六害【黃薄、散亂、逆生、交加、鎖印、壓眼】。古詩云：「眉是人倫紫氣星，稜高疏淡秀兼清；一身名譽居人上，食祿皇家有盛名。眉濃髮厚人多賤，眉逆毛粗不可論；若有長毫過九十，愁容蹙短少田園。」皆為眉相之表徵。美之眉，與情人情義濃，與事業財源豐。眉之因緣，前與祖先同根，後與兒孫同源，今與眾生休戚。

◎珠眉

一、兄弟姊妹無緣的眉毛。

二、珠眉者乃眉毛上長痣謂之。這是兄弟姊妹中有人會出現災厄的現象。

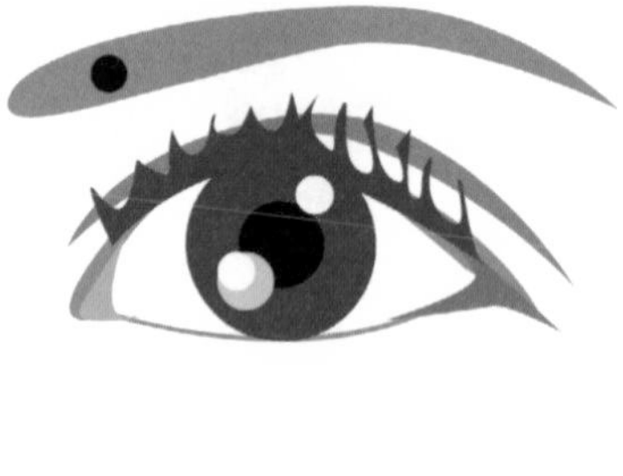

三、【草中藏珠】即在眉毛裡隱藏著一顆漆黑或朱紅的吉痣，表示此人會有特殊才華而在後天因緣裡得到貴人相助而成功。

四、特別專長與特殊才藝，就能降低兄弟姊妹災厄的現象。

◎長眉

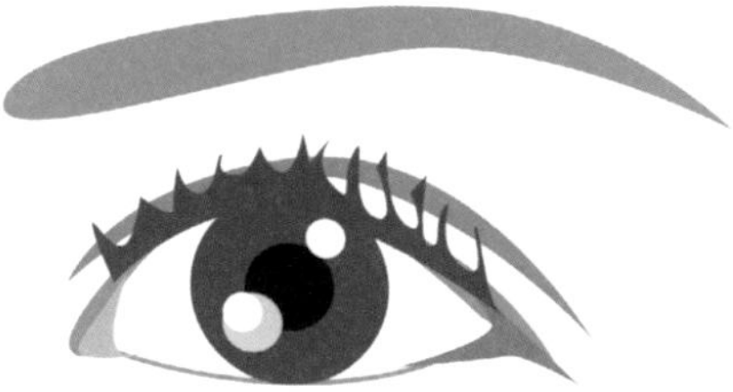

一、祖蔭福報的眉毛。

二、長眉者，表示眉長過眼睛之意。此眉形之人祖先的恩澤在他身上看得到。

三、此人個性隨和，尊敬師長，一生貴人運不斷，只怕因個人條件不足而常常錯失成功的良機。

四、女性出嫁後與娘家因緣很深，幫助娘家可以得到更多的福報。

五、上班與創業運皆能長久，是此種額形的特色。

◎短眉

一、求新求變的眉毛。

二、性情急躁，不夠和氣，喜歡獨立是短眉者的特色。

三、短眉者的工作運總是不長久，不是個人能力的問題，而是命中註定的現象。

四、短眉者與家庭的緣分較淡薄，此乃驛馬逢貴之象，這是出外發展才能光宗耀祖格局。

五、絕對的專業與名聲是化解此眉形先天現象的瑕疵。

◎濃眉

一、驛馬逢貴的眉毛。

二、眉者人之心性也，眉濃者情也濃。

三、眉濃者個性強，野心大，應執著在工作上盡情發揮，努力往上爬，才能表現此眉型的優點。

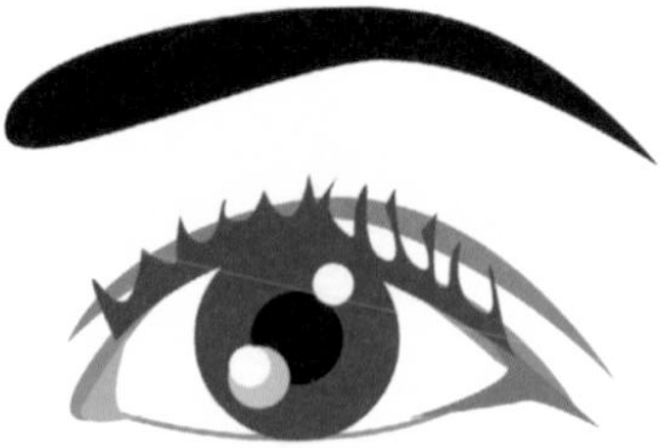

四、此眉形乃性情中人，對人直來直往，對事堅持到底，講利益反而失去濃眉者應該存在的道德人品。

◎淡眉

一、感情緣淡的眉毛。

二、淡眉者的感情觀總是喜歡膩在一起，她不明白婚後為什麼要分開的道理。其實小別勝新婚原來是淡眉者的專利。

三、離婚者大都是淡眉之人，這是此眉形的特色。眉淡情也會淡。所以，聚少離多的現象反而有助感情的延續。

四、社會經驗豐富的淡眉者，具有真正生意人的特質，能屈能伸的個性最適合在商場上生存發展。

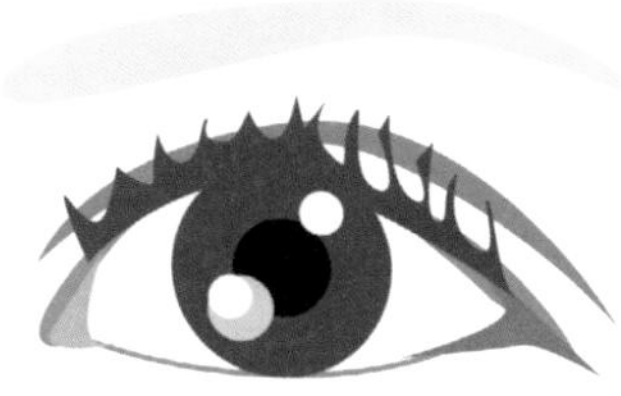

◎細眉

一、以男人為天的眉毛。

二、眉細者心細，這是女人的專屬眉形，個性溫柔圓融，喜歡依賴男人或喜歡整天黏著男人是她的特色。

三、此眉形者喜歡一成不變或沒有壓力的工作。

四、心思細密，性情溫和，她是主管眼中的好幫手，老闆心中的好秘書。

五、壓力與競爭會讓她工作不順心，扮黑臉的角色會讓她變成全公司的天敵。

◎粗眉

一、重情重義的眉毛。

二、眉粗者心粗，女命有大姐頭的個性，男命有大哥的風

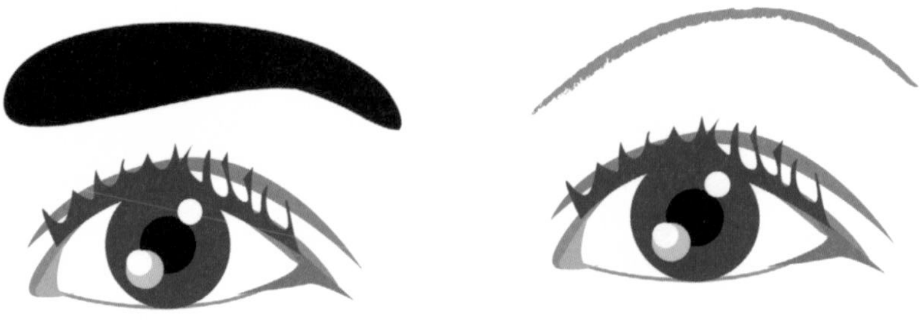

範。

三、這是當朋友的第一人選，為朋友重情重義，做事盡心盡力。但是，千萬別忘記，家裡妻兒等著你。

四、粗眉之人凡事積極，愛打抱不平；個性剛烈，粗心大意，這是造成惹是生非的主要原因。

◎亂眉

一、是非競爭的眉毛。

二、亂眉表示眉不按眉形而生長，左右橫豎亂生謂之。

三、眉亂者心亂也，內心充滿矛盾的心態，雙重人格就是在此種現象裡產生。

四、出差調職，勞碌奔波，辛苦中求財是亂眉者先天存在的特性。

五、是非、競爭、攻擊最有利此格局的發揮。

◎斷眉

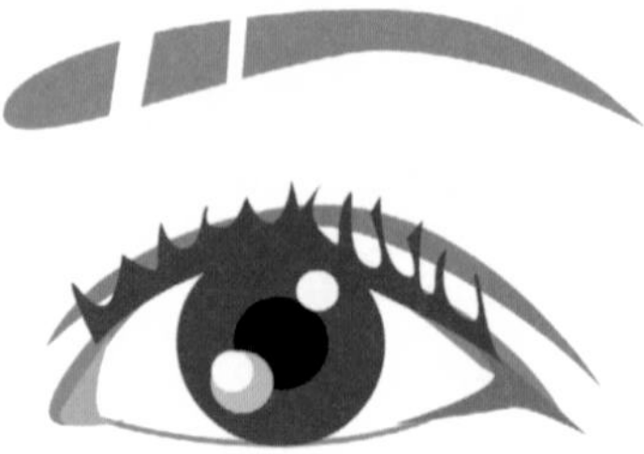

一、至親無情的眉毛。

二、顧名思義就是眉毛中間斷一條線。眉毛先天因緣主兄弟姊妹；眉毛中斷表示兄弟姐妹會有無情的定數。

三、眉毛也主個性，斷眉者個性三心二意，優柔寡斷，常因情緒不穩定與人結怨，而牽累到家人。

四、死亡、意外、重病、分開、衝突乃斷眉的特性。因事業之故而離開家庭，最有利此兄弟宮惡緣的化解。這就是俗稱的改運。

◎凹眉

一、溫柔圓融的眉毛。

二、凹眉者做事循規蹈矩，做人親切隨和；喜歡固定與穩定的工作。

三、凹眉者天生沒有處理是非的條件，硬碰硬會帶來諸事不順；攻擊別人，自己卻傷得更重。

四、因自卑心作祟，導致凡事愛計較。假如讓這種情緒持續蔓延，那麼，怨恨的思維會讓自己不幸的遭遇再次輪迴。

◎凸眉

一、專業或專技的眉毛。

二、個性固執與堅持己見是事業的致命傷；勤奮工作與勇往直前是創業的利器。

三、40歲後凸眉者的孤相漸漸成熟，隨著年齡的增長與結婚的因緣會越離越遠。

四、攻擊型的眉毛，它無關好與壞、對與錯、吉與凶，一切之善因緣或惡因緣皆一念之間。對【事】就是善因緣，對【人】就是惡因緣。

三、眼睛的分類

眼為監察官，乃人之日月也。眼睛為靈魂之窗，陰隲神出入之所。它關係著人之心性、思想、智慧、威望、貴顯、膽識、事業、財緣、運勢、健康……等緣分與吉凶。麻衣神相云：「寐則神處於心，寤則神依於眼。是眼神遊息之宮也。觀眼之善惡，可以見神之清濁也。」廣鑑集云：「父母之善惡與遺傳，也可於眼睛之清濁表徵。」「目為心之外戶，觀其物外而知其內也。」孟子曰：「胸中正，則眸子瞭焉，胸中不正，則眸子眊焉。」皆表徵父母的思維影響子女的面相，而人的思維則影響運勢之得失吉凶。父母之善，其眼也善，父母之惡，其眼也惡。人之善良，眼黑白；人之醜陋，眼帶黃。

◎凸出眼

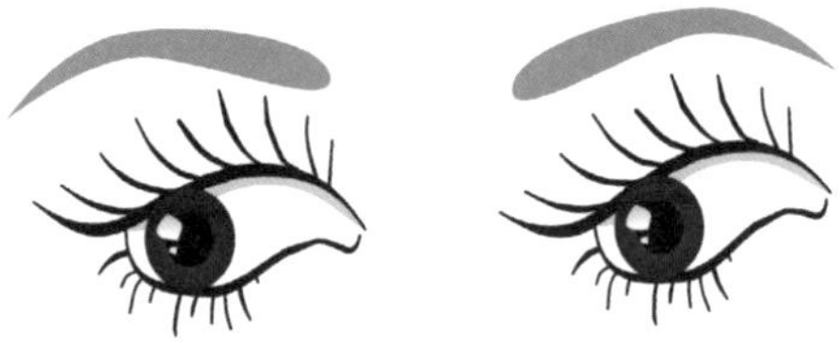

一、棄舊迎新的眼睛。

二、有雙重的人格特質，為人健談，是商場上的高手，但不易保守秘密。

三、俗稱：「凸眼無情」，指的是此眼相之人的後天因緣裡，總是存在著聚少離多與生離死別的現象。

四、是非、競爭、攻擊為其特色，但這是命理學上之相對因緣。不是你對別人攻擊，就是會承受別人對你的攻擊。

◎三角眼

一、強求富貴的眼睛。

二、敏銳、執著、冷酷、是非、競爭、衝突、攻擊是此眼相的特色。

三、這是亂世出英雄的眼睛。古云：「一將功成萬骨枯」，就是明證，踩著別人的頭頂往上爬，才有成功的機會。

四、三角眼之物競天擇與強求的因緣，在每個當下都是重要的，最能發揮其先天主動攻擊別人的本性。

◎三白眼

一、六親無情的眼睛。

二、三白眼者至親緣分特別無情，感情濃時傷身體，感情淡時要別離。

三、自私、敏感、堅持、聰明、執著、猜疑是它的特色。是與非，成與敗是三白眼常要面對的問題。

四、亂世出英雄，是非當下是利益。項羽就是最好的明證，此眼相之人做對因緣就是福報。但最後的成敗關鍵當然是個人行運不同罷了。

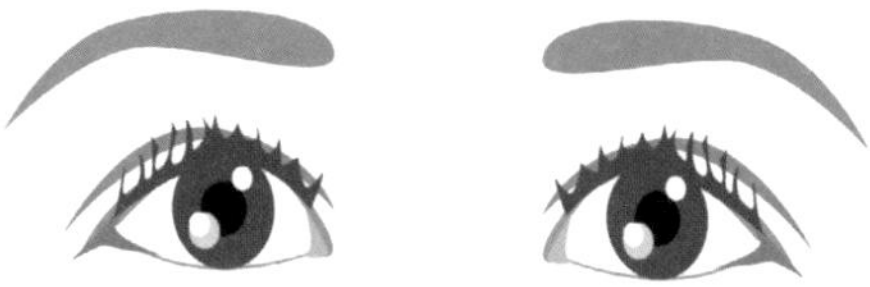

◎大眼

一、欠感情債的眼睛。

二、大眼之人小心眼，愛吃醋是它的天性；交際、才藝、演藝、藝術是其特性。

三、大眼者眾生緣分特別濃厚，這就是影歌星大眼睛特別多的原因。影歌星需要舞台，眾生緣才能讓她大紅大紫。

四、大眼之人感情特別脆弱，說哭就哭，說笑就笑。喜歡被人疼惜是它的特色，但別忘了，這就是不斷還感情債的原因。

◎小眼

一、理智與理性的眼睛。

二、小眼之人死心眼。感情上有不容易放感情或不容易被人追求的天性。

三、此眼形之人，個性謹慎、內向、認真，不善公關，拙於言辭。工作時堅持力與耐性很好，老闆心中的好幫手。

四、常人的眼裡大眼之人比較漂亮與受寵，小眼之人比較可愛與深緣。所以，當小眼睛的人談感情時，就會死心蹋地跟著這個情人。

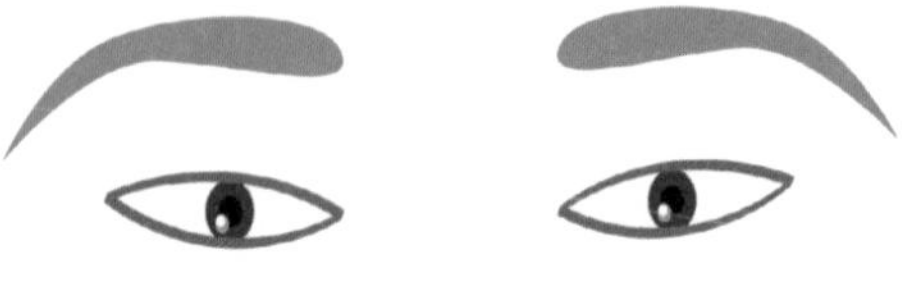

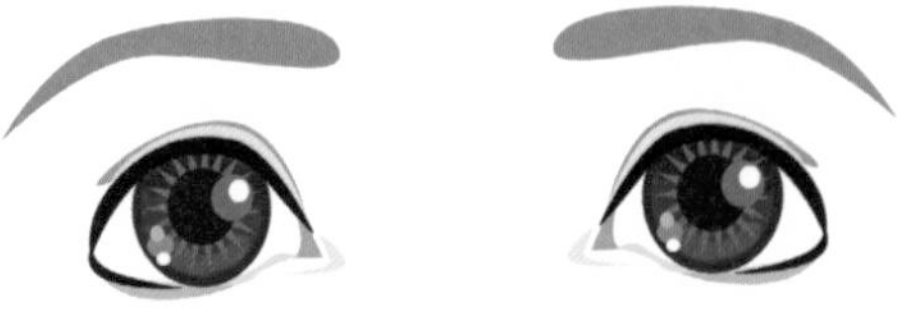

◎大眼珠

一、祖先恩澤的眼睛。

二、個性溫和，感情豐富，觀念保守，但缺乏冒險的精神，適合安定中求發展的眼相。

三、大眼珠之人乃祖上的恩澤所留下的證據，這是福報者眼相；小時候在家人呵護下長大，長大後得貴人提攜有機緣進入豪門世家。

四、富貴之家的眼相，但別忘了，門當戶對或條件好的情人才是真命天子、真命天女。

◎小眼珠

一、勞心與勞祿的眼睛。

二、小眼珠者表示眼睛裡的眼珠小，看起來黑眼珠小而白眼多謂之。

三、聰明、固執、勞祿、叛逆、不合群為其性格特質。

四、此眼形者喜歡冒險，作風大膽；常會利用每個的機會，夢想一夜致富。這是不智之舉。因為，小眼珠之人沒有快速成功的條件，貴人與福蔭的因緣不會在他身上發生。

◎上揚眼

一、追求成功的眼睛。

二、上揚眼者乃眼尾的位置比眼頭來得高謂之。

三、個性敏銳，反應迅速；做事果決，擅長掌握時機而成功是其優點。自尊心強，不肯服輸；佔有慾強，猜疑心重是其缺點。

四、這是事業成功者的眼形，積極、果斷、競爭、攻擊會讓人隨心所欲，心想事成。女命乃職業婦女，有承擔家庭的重擔，是天命。

◎下垂眼

一、屢遇挫折的眼睛。

二、下垂眼者乃眼尾的位置往下垂謂之。又稱「八字眼」，「倒眉眼」。

三、個性隨緣隨和，這是做事穩定中求發展或合夥合作下才能創業的天命。等待因緣乃此命格的特色。

四、擅長利用人際關係讓自己有機會往上爬。但千萬不可操之過急，否則，吃快弄破碗（台語），欲速則不達，就得不償失了。

◎雙眼皮

一、多情多意的眼睛。

二、個性開朗，親和有禮，感情用事，無法堅持皆為雙眼皮者的特色。

三、雙眼皮者是最多情，也最有人緣；凡事講道理與人情，對人不可用爭執與衝突。您可以想像馬英九總統用粗話罵人的後

果嗎？

四、政治人物很少有雙眼皮之人，因為，用感情與感性很難讓人相信你的專業。冷酷與無情在目前社會才能顯示出你與眾不同的特質。

◎單眼皮

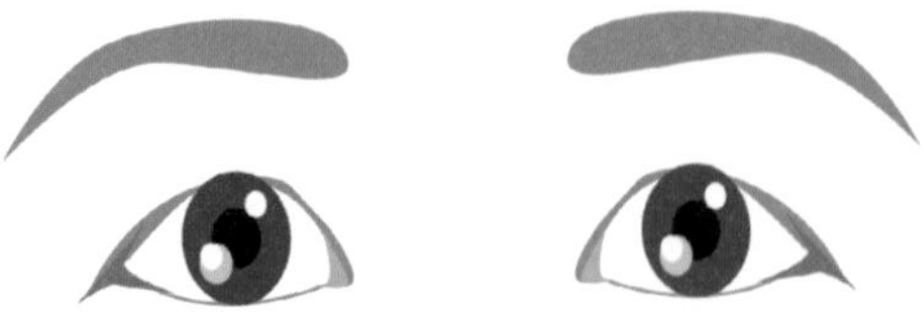

一、穩定中求發展的眼睛。

二、此眼形者，行為謹慎，為人冷靜；意志力堅強，富有濃厚的進取心，這是成功者所應具備的條件。

三、此眼形者公關能力稍嫌不足，又缺乏溝通長才。業務與外務的工作最不適合其發揮。

四、單眼皮之人做事謹慎，個性穩定。假如再搭配長眉時，那麼，此人事業的成功就指日可待了。

四、鼻子的分類

鼻為審辨官，為中嶽，五形屬土，為一面之表，乃肺之靈苗也。它關係著人之財帛、事業、眾生、個性、獨力、抵抗、強硬、文明、進化……等緣分與吉凶。古云：「鼻之氣由顴來，顴之氣由鬢來，鬢之氣由命門來，命門之氣由耳來。」「鼻為龍，顴為虎，龍虎相配才能富顯。」麻衣神像云：「鼻如懸膽身須貴，土曜當生得地來；若見山根連額起，定知榮貴至三台。」皆顯示鼻子為富貴的源頭與條件。鼻子者，凡人豐隆遇佳緣，女人豐隆遇良夫；大限逢到運再起，傷痕痣陷命無常。

◎三灣鼻

一、再次姻緣的鼻形。

二、勞碌、孤獨、固執、競爭、攻擊是三灣鼻形的特性。

三、第一次的婚姻是無情的天命，命帶生離死別的現象。

四、這是偏財的鼻形，也是兼第二種工作的命格，兼職可以讓自己的事業更加穩定。

五、三灣鼻乃事業中斷的鼻形，先天命格中有兩段的人生，再次的事業運是成功的開始或往上爬的機緣。

◎高隆鼻

一、獨當一面的鼻形。

二、高隆鼻形者乃鼻樑高聳而有肉謂之。

三、積極、果斷、強硬、霸氣、攻擊即為其先天特質。

四、乃成功者的好鼻形，對己謹言慎行，對人要求很高，對事全力以赴。

五、祖先的恩澤在他臉上留下痕跡。以宗教觀點，就如同「痣」一般，上天點痣作記號，乃前世未了的福報因緣，今生要來爭取與享受。

◎低陷鼻

一、仲介與佣收的鼻形。

二、隨和、順從、穩定、好奇、依賴、不強求是它的特性。

三、人生無明確目標是缺點，交代的事會默默完成是優點。好幕僚的格局，但創業會面臨困境。

四、此鼻相之人，乃朋友解悶的出氣筒，上司眼中的好員工，老闆公司的好幕僚，父母心中的好兒女，丈夫創業的好幫手，子女年幼的好爸媽。

◎大鼻子

一、先天聚財的鼻形。

二、活力、外向、積極、勤奮、有朝氣、有野心為其特質。

三、大鼻形者欠事業的債，這是先天未了的因緣，後天環境自然會產生對事業全心投入的現象。

四、大鼻子之人乃上班為主管，創業當老闆；專業若興趣，福報跟著您。

五、武打巨星成龍、義工爸爸孫越、香港歌神張學友、台灣首富郭台銘……。哪一位不是大鼻子之人？

◎小鼻子

一、累積財富的鼻形。

二、此鼻形之人，個性親切，為人隨和，沒有長遠的計畫與抱負，有隨遇而安的天性。

三、做事缺乏信心，容易受他人影響，不是創業的好人才為其缺點。好相處又喜歡幫助他人，也是朋友間相互爭執的和事佬，更是合夥合作的第一人選為其優點。

四、此鼻形者，先天註定犯小人的命，最容易被朋友出賣。故與朋友交往務必記住一句名言：「朋友之交要淡如水」。

◎大鼻翼

一、財庫豐滿的鼻形。

二、大鼻翼者大財庫也。乃先天有賺大錢的條件。

三、大鼻翼與高鼻樑、低額頭、小嘴巴、小耳朵一樣，都是活力的象徵。往上爬的思維，就是邁向成功之路。

四、富貴者的面相：「皮膚白、額頭高、眼睛亮、鼻翼大、耳朵大。」其中大鼻翼就是最重要的條件。沒有它時想存錢也存不了。

◎小鼻翼

一、財來財去的鼻形。

二、鼻翼即先天財庫，它關係著一個人財源的大小與財祿之福分。

三、西方人士有著高高的鼻子，卻大部分都沒有大的鼻翼。乃象徵個人財來財去，

生活不安定。

四、只有鼻樑而沒有鼻翼之人，天生比較浪漫與享受，重視自己的精神生活，也會規劃人生。有著「不要麵包也要美麗」的天性。

◎大孔鼻

一、專業理財的鼻形。

二、大鼻孔即遠遠望去清楚看得到鼻孔謂之。

三、【象言往來】乃命理學上不可不知之訣竅。如大孔鼻形者性格豪爽，用錢慷慨大方是一訣；生性勤儉，因後天因緣而大損財是二訣。皆說明財來財去的天命。

四、綜藝主持人彭恰恰就是實例。一生省吃儉用，卻在兩次的桃花姻緣裡損失了幾千萬元。

◎小孔鼻

一、巧藝安身的鼻形。

二、小鼻孔即遠遠望去看不到鼻孔或鼻孔過小謂之。

三、小鼻孔者生性保守，省吃儉用；對人有防備的心，朋友眼中的小氣財神；對事工作盡本分，老闆交代的事總是安安分分完成。

四、女命又搭配小鼻樑乃勤儉持家之傳統婦女，相夫教子，一生只想默默守著丈夫、守著子女快快樂樂過生活。

◎鷹勾鼻

一、精打細算的鼻形。

二、鷹勾鼻形，鼻樑凸出，準頭尖而彎垂，正如老

鷹嘴般。

三、顧名思義鷹勾鼻者如老鷹嘴般銳利。用鷹眼鎖定目標，用快、狠、準的鷹爪抓住獵物。引申生意人賺錢的自私、現實、奸巧的性格。

四、聰明、進化、時尚、現實、務實、不怕是非、不怕衝突。越複雜的環境越能表現冷靜，這是每個當下時機財的利益者。

◎孤峰鼻

一、孤、獨、絕的鼻形。

二、孤峰鼻形即鼻樑高聳，遠遠望去如一座山，好像看不到其他五官謂之。

三、孤峰鼻者個性孤獨、自我、固執；不擅長與人相處，喜歡自己一人靜靜享受寧靜的生活。

四、乃專業型的鼻形，對人會產生對立、爭執、衝突與無話可談的窘境。對事正好相反，這是發揮個人抱負或完成專業美夢的最佳鼻形。

五、嘴巴的分類

嘴巴為出納官，也為水星，又稱大海。乃萬物造化之關，心之外戶，為是非之所會也。它關係著人之老運、子女、財帛、感情、婚姻、信用、飲食、勞碌……等緣分與吉凶。麻衣神相云：「貴者唇紅似潑砂，更加四字足榮華；賤貧似鼠常青黑，破盡田園不住家。」相理衡真云：「覆船口角兩低垂，唇似豬肝嘴似吹；縱有衣糧終不足，流離顛沛少年時。」嘴巴最能表彰老運的吉凶與田園的安定，也表達意志力之強弱及愛情之美惡，更象徵與子女關係的親疏。

◎四方口

一、食祿天成的嘴巴。

二、四方口形之人，當個人條件俱足時，人生會巧遇善因緣而有抓住富與貴的機會。

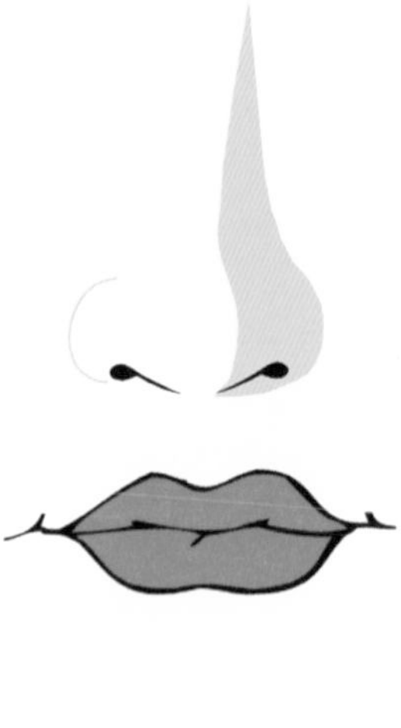

三、最有福報的嘴形，可以享受天倫之樂，兒孫之福。

四、此乃對【人】相對有情，對【事】永續經營，對【物】利益分享的命格。

五、先天俱足感情的因緣，不怕沒人愛，只怕自己沒有準備迎接愛神的眷顧。這是可以永久佔據夫妻宮的格局。

◎微笑口

一、貴人相助的嘴巴。

二、微笑是令人愉快的嘴形，為人生快樂的泉源，一切美好事物皆從這裡開始。

三、這是最有福報的嘴形之一。此口形與人相處愉快，於事樂觀進取。人、事、物的利益都會在不知不覺中發生。

四、有人說：笑，世界跟著你笑；哭，只有自己在哭泣。一點都沒錯，誰喜歡哭喪的一張臉。

◎下垂口

一、心中有怨的嘴巴。

二、下垂口的形成大部分來自自己的我執，這是心中有怨而又無力對抗別人所產生的現象。

三、消極、被動又默默承受當下生活的壓力是此種嘴形的特色。

四、下垂口形之改運法：「把利益放長久，把專業加深厚，把吃苦當成進補，把成功當作最後歸宿，人生才能美夢相隨。」

◎歪斜口

一、內心有恨的嘴巴。

二、人生無情的遭遇讓人恨之入骨，才會產生內心極度不平衡而嘴角歪斜。
三、轉念尋找人生新的思維，新的方向，新的做法，創造不一樣的快樂人生。
四、學會做有興趣的事，自己有了新經歷，別人又會感謝你。
五、灰暗的想法會讓自己不幸的遭遇越陷越深，最後導致沒有回頭路。

◎露齦口

一、福祿不全的嘴巴。
二、露齦口即微笑時露出牙齦謂之。
三、此口形者，個性隨緣隨和，擅長抓住時機而竄起，卻沒有長遠的計畫，規劃未來。
四、有人說：「盛時當作衰時想，上場當念下場時。」這是露齦口的最佳寫照。
五、露齦口形者的因緣，有如曇花一現般短暫；悄悄的來，也悄悄的走。正如女諧

星如花一樣；不知何時已不在螢光幕前出現她的蹤影。

◎下唇厚

一、依附權貴的嘴巴。

二、個性最適合柔和順從，處事圓滿圓融。

三、相夫教子的嘴形，最能安分守著每個當下的男人，除非感情早已遠去。

四、此唇形者對人處理事物得宜，進退應對得體。這是上班老闆眼中的好員工。

五、下唇厚者乃逆來順受的嘴形，遇對良人會是幸福婚姻的小女人。

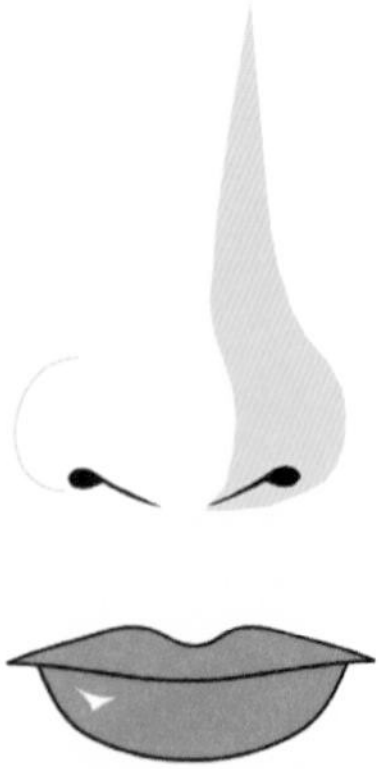

◎上唇厚

一、婦奪夫權的嘴巴。

二、勞碌的個性讓自己不得清閒，看不慣的思維更讓自己承擔重任而不自知。

三、女命容易遇到個性溫和或不管事的男人，自己只好勞心又勞力的處理日常一切。

四、上唇厚者乃為人熱心、熱情又有人情味、愛管別人閒事。這是上天獨厚獨愛的嘴形。

五、女命有堅強獨立的意志，職業婦女可以發揮事業成功的韌性。

◎小嘴巴

一、自求多福的嘴巴。

二、這是做事吃力不討好的嘴型，但只有領悟其中奧秘者，才能做對最有利的因緣。

三、人與人之間的感情較淡薄，不是為人處事的問題，而是天命與人的緣分較無情。

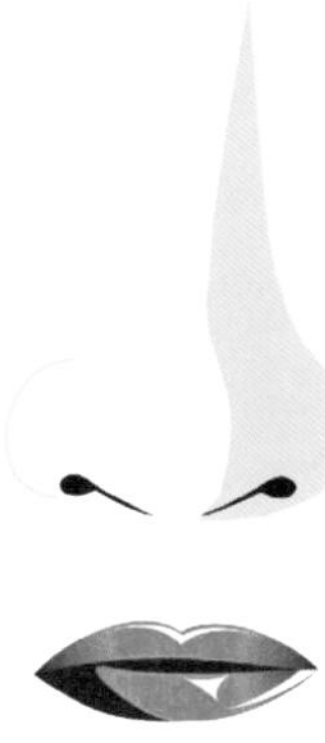

四、俗稱此種嘴型最尖酸刻薄，這是對面相學最無知的論述，此種嘴形先天與人的緣分較淡薄，只能多做少說或任勞任怨才能維持情感。

◎大嘴巴

一、一生勞碌的嘴巴。

二、大嘴巴之人勞碌命，事業不可太早退休，否則健康會出現問題。

三、此嘴形乃天生勞碌命，一生為父、為夫、為子的勞碌因緣。這是越做越旺的格局；盡心盡力的努力，一定會得到相對的代價。

四、這是福報的嘴形，對事工作較長久，對人因緣情意濃；講話可以說服別人，創業可以藉助貴人。

◎凸形口

一、爭權奪利的嘴巴。

二、凸型口即由側面觀看，嘴唇明顯凸出來謂之。

三、此口形人個性倔強，有不服輸的性格；也有濃烈物慾、性慾、思慾、貪慾的思維，對一切事物常出現不滿足的現象。

四、祖先勞碌的遺傳在他嘴形表露無遺。這是辛勤工作之人，享受的福報不會在他身上發生。當有一天想不做事時，記得，就是大災厄來臨時。

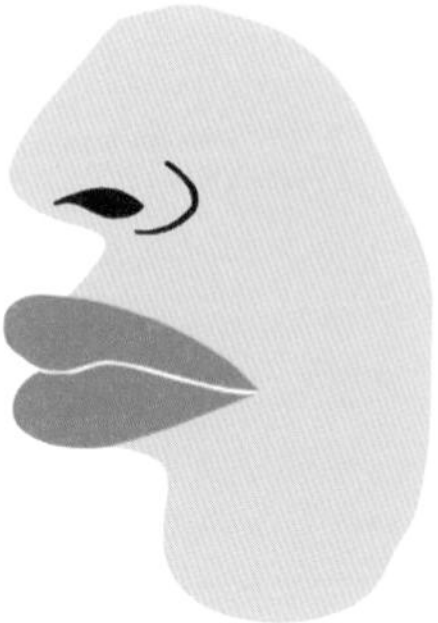

◎凹形口

一、內斂含蓄的嘴巴。

二、凹型口即由側面觀看，嘴唇明顯凹進去謂之。

三、此口形人，個性內向、被動、消極、優柔寡斷、裹足不前是其缺點。穩定、穩健、令人安心、喜歡授權是其優點。

四、女命乃丈夫心中安分的家庭主婦，老闆眼裡盡責的職業婦女。此口形者千萬不可與人結怨，爭執與衝動會帶來生活的困擾與不安。

六、耳朵的分類

耳朵為採聽官，乃心之司，腎之候也。它關係著人之聰慧、名聲、健康、壽元、財帛、祖蔭、福祿、性格、安定性、幼年運……等緣分與吉凶。神相全編云：「下有垂珠肉色光，更來朝口富榮昌；上尖狼耳心多殺，下尖無色亦無良。」麻衣神相云：「耳厚而堅，聳而長，皆壽相。輪廓分明，聰悟。垂珠朝口者，主財壽。貼肉者，富足。耳內生毫者，壽。耳有黑子，生貴子，主聰明。耳門闊，主智遠大。紅潤主官，白主名聲，赤黑貧賤。耳薄向前，賣盡田園；反而偏側，居無屋宅。左右大小，迍否妨害……善相者，先相其色，後相其形可也。」皆象徵耳朵之福、祿、財、名、子、壽之機緣。

◎金形耳

一、功名在外的耳朵。

二、古詩云：「高眉一寸天輪小，耳白過面並垂珠；
富貴聞名於朝野，指賢損子末年孤。」

三、金耳者，命中註定欠事業債，這是今生應完成的功課。

四、命理學上對相同結果，可以從不同的現象看出來。這是「有其象，必有其物」更深層的發揮。例如：金形耳與金形人就是不同宮位看出相同的現象。兩者皆表示名聲與貴氣。

◎木形耳

一、求貴不求富的耳朵。

二、古詩云：「輪飛廓反六親薄，猶恐貲才不足家；面部若好碌碌度；不然貧苦定虛花。」

三、木形耳之人命中註定欠讀書與教學的債，前世業、今生障；了今生的業障，就是災厄的結束，福報的開始。

四、木形耳乃成名的貴格，做讓自己成名的事就是福報。例如在大機關上課就是做對前世未了的因緣。

◎水形耳

一、風流才子的耳朵。
二、古詩云：「水耳厚圓高過眉，又兼貼腦有垂珠；硬堅紅潤如卓立，富貴當朝大丈夫。」
三、水形耳之人命中註定欠財運的債，前世業、今生障。了今生的業障，就是災厄的結束，福報的開始。
四、水形耳乃賺錢的富格，水主財，又主智慧，應用聰明才智賺錢就是福報，就是做對前世未了的因緣。

◎火形耳

一、早發早貴但早退的耳朵。
二、古詩云：「高眉輪尖廓且反，縱有垂珠不足誇；山根臥蠶若相應，末年無子壽彌加。」

三、火形耳之人命中註定欠得名聲的債，前世業、今生障，了今生的業障，就是災厄的結束，福報的開始。

四、火形耳乃成名的貴格，做讓自己得名聲的事而福蔭子孫就是福報，就是做對前世未了的因緣。

◎土形耳

一、兒孫滿堂的耳朵。

二、古詩云：「土耳堅厚大且肥，潤紅姿色正相宜；綿長富貴六親足，鶴髮童顏輔佐時。」

三、土形耳之人命中註定欠眾生的債，前世業、今生障，了今生的業障，就是災厄的結束，福報的開始。

四、土形耳乃成就與成名的富貴格，應用人際關係得富貴就是福報，就是做對前世未了的因緣。

◎小垂耳

一、努力有代價的耳朵。

二、小垂耳即耳垂小謂之。

三、此耳形者，個性吃苦耐勞，為人機警，聰明伶俐是其優點。自命清高，不滿足現狀、不流於世俗為其缺點。

四、小垂耳之人重視精神生活，對金錢觀念較淡薄。故研究、研發、研考、考核、教職……等性質的工作，最適合其發揮。

五、先天環境的際遇變化大，不斷的提升自己的條件，求新求變的往上爬才能做對命中註定的因緣。

◎大垂耳

一、祖上積德的耳朵。

二、大垂耳又稱大耳珠或大珠耳，又名福耳。福、祿、壽、子、丁為此耳形者先天俱足的福報因緣。

三、女命有幫夫與旺夫的天命，但一定要慎選門當戶對的對象，因為條件好的男人才是真命天子。否則嫁錯郎的結果，只有默默守著家庭過一生。

四、穿耳洞是年輕人流行的時尚，這是破壞福分的行為，也是減弱祖先留下的恩澤。

◎小耳

一、事倍功半的耳朵。

二、小耳即耳小，耳垂也小謂之。

三、聰明、好動、吃苦、耐勞、出差、調動、業務、外務是其先天特質。

四、真正命理學上並沒有對與錯、是與非、吉與凶的說詞。例如：前段說到大耳之人有福報，並不表示小耳之人沒福報。小耳之人的福報在機動性與勞碌性的工作，就是它最大利益之所在。

◎大耳

一、富貴在天的耳朵。

二、大耳即耳朵下面的垂珠厚大謂之。

三、大耳之人，生性隨緣、輕鬆、滿足當下的現狀，得過且過、與世無爭是它的特色。

四、大耳乃祖先的福報在子孫耳朵留下痕跡的證明，大富由天、小富由儉，這裡所說的大富，指的是大耳之人。

五、俗云：大耳之人有福報，這句話只說對一

半，台中火車站旁邊的流浪漢，十之八九皆大耳朵。其實，正確的說詞應該是努力的付出，一定會得到倍數的回報。

◎招風耳

一、驛馬招財的耳朵。

二、招風耳又稱兜風耳、扇風耳。它與貼臉耳形相反，耳朵向兩邊張開，從正面可以明顯看見耳朵如豎立的扇子。

三、此耳形個性開朗，擅長結交朋友；感覺靈敏，業務與外務的工作可以勝任。

四、在外人緣好，人際關係佳是它的特色，記者、外務、業務、老師、影歌星……等，都是他做對的善因緣。

◎貼臉耳

一、愛人愛家的耳朵。

二、貼臉耳即耳朵緊貼臉頰謂之。愛家人與親友是此耳形的特色。

三、個性謹慎隨和，默默工作；擅長分析研究，也是保守秘密之人。

四、穩定性高，長期性的工作非他莫屬；親切有禮，最佳合夥合作的好對象；永續經營的創業，此耳之人最適合。

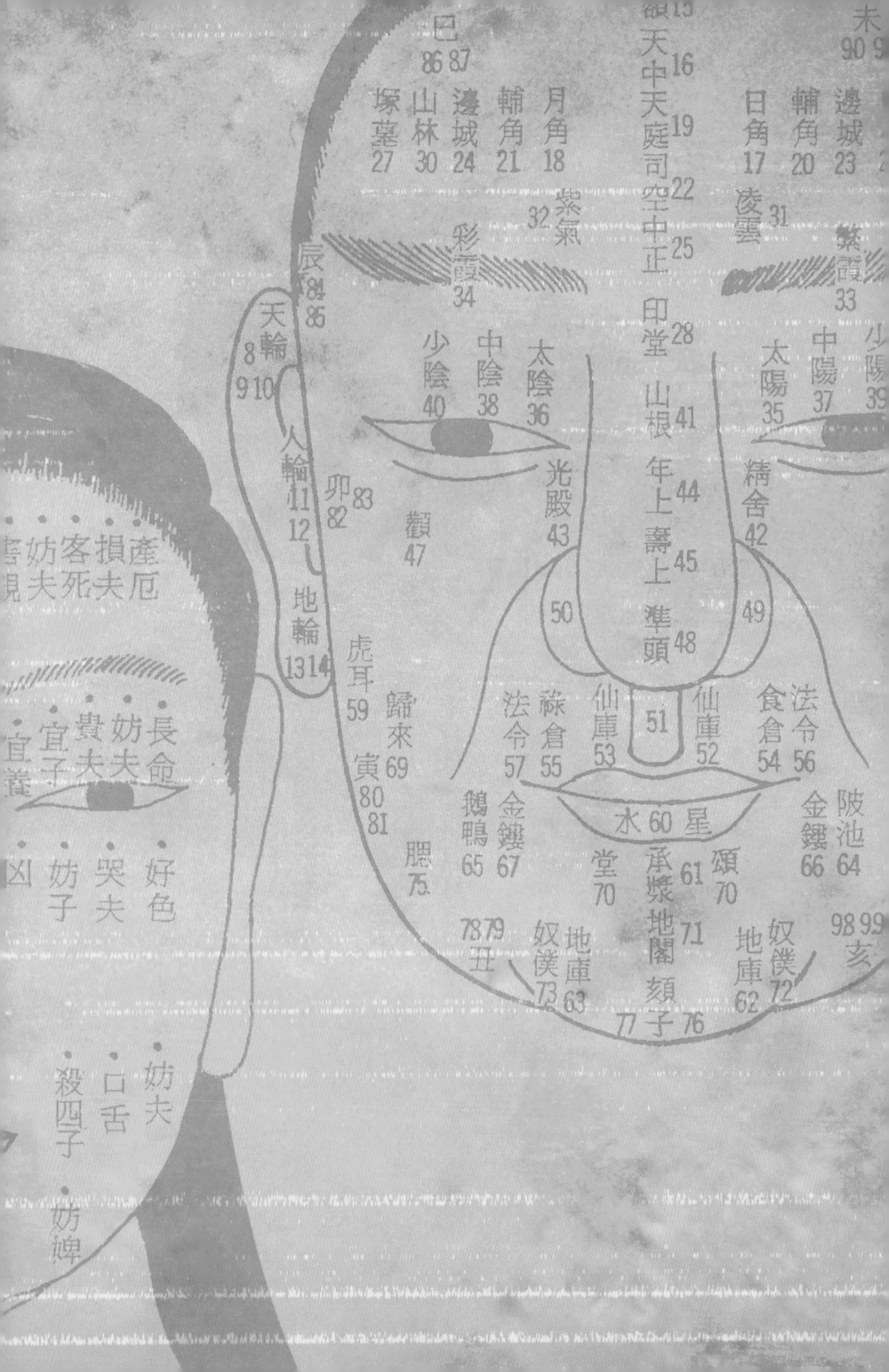
巳
86 87
塚墓 27
山林 30
邊城 24
輔角 21
月角 18
天中 16
天庭 19
司空 22
中正 25
印堂 28
山根 41
年上 44
壽上 45
準頭 48
未
90
日角 17
輔角 20
邊城 23
凌雲 31
紫氣 32
彩霞 34
紫霞 33
辰 84 85
天輪 8 9 10
人輪 11 12
地輪 13 14
少陰 40
中陰 38
太陰 36
太陽 35
中陽 37
少陽 39
光殿 43
精舍 42
卯 82 83
顴 47
50
49
虎耳 59
歸來 69
寅 80 81
法令 57
祿倉 55
仙庫 53
51
仙庫 52
食倉 54
法令 56
水 60 星
鵝鴨 65
金鏤 67
金鏤 66
陂池 64
腮 75
堂 70
承漿 61
頌 70
78 79 丑
奴僕 73
地庫 63
地閣 71
頦子 77 76
地庫 62
奴僕 72
98 99 亥
妨夫
客死
損夫
產厄
宜子
貴夫
妨夫
長命
凶
妨子
哭夫
好色
殺四子
口舌
妨夫
妨婢

陸．面相五官應用篇【吉凶】

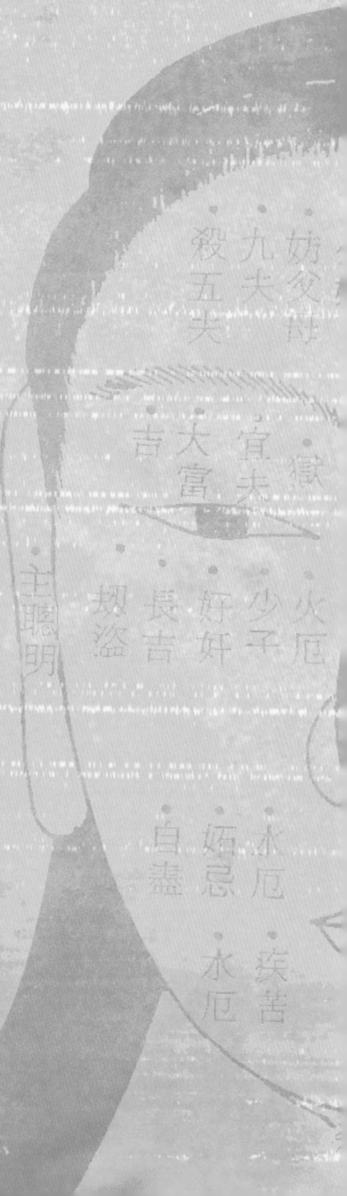

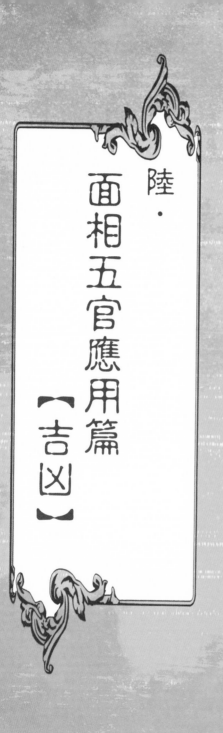

一、面相「論命」現象學

問富貴相法

有人說：「凡走過的路，必留下痕跡。」富貴之人不論性別、出生、地點、背景如何，在他臉上早已烙下富貴者的痕跡；人在未成就前，縱然有富貴者的面相，那只是成就的條件卻不是成功的保證，而後天環境裡所培養的能力才足以有朝一日麻雀變鳳凰。

現分析六問富貴法如下：

1. 問富在鼻：

面相十二宮位代表十二種先天俱足的因緣，鼻子象徵個人先天俱足的財帛；故鼻子高隆豐滿者才有資格成為富翁的條件。鼻子在面相五行居中央土的位置，土生金能滋生萬物，土厚載物，內含包容一切，如大海之容納百川般；故想當「富翁」要俱足山根豐隆，準頭飽滿，鼻孔不仰露，鼻子堅挺有勢，色澤黃明光潔等條件。

2.問貴在眼：

古云：「貧賤者，不一定沒有善耳，但一定有善眼；富貴者不一定有善耳，但一定有善眼。」這印證了眼睛佔整個面相百分之五十以上的重要性；成就之人一定有明亮的眼睛，但有明亮眼睛者不一定有成功的本事，只代表此人個性較執著罷了。故「貴氣」的眼睛一定要黑白分明，含藏不露，黑睛碩大，光彩攝人等條件。

3.問名在眉：

古云：「揚眉吐氣」、「少年兩道眉，臨老一林鬚」，說明了眉毛不但代表個性與積極，更是成名的條件之一。而成名卻分凶象或吉象兩種情形；凶惡現象如殺人放火之刑事犯或吉祥現象如富貴名望之人，兩者是不是眉毛總是特別濃密有型？故「成名」的眉毛要具備退印而生，首尾不散，寬廣清長，眉美有揚等條件。

4.問福在耳：

前已論述貧賤者，不一定沒有善耳，但一定沒有善眼；富貴者，不一定有善耳，但一定有善眼；說明了有好的耳朵不見得是成功的條件，但表示人生得過且過不執著，生活平淡平穩較安逸；故知足常樂的個性，使他遠離所有的不如意；隨遇而安的心態，讓他變成最有福報之人。故「福氣」的耳朵要色鮮白嫩，高聳於眉，輪廓完整，厚大貼腦，珠圓朝口等條件。

5.問權在顴：

顴位豐隆自古皆被扣上刑剋親人之惡名，殊不知顴位等同權位，而顴位更象徵擔當、責任、吃苦、耐勞的表現及在社會上是否受人肯定或人際關係是否運用得宜等，皆需要依靠豐隆的顴位。故得「權勢」的顴位要顴位插天倉，顴柄入鬢，不可低陷、露骨、橫張、下墜無力。

6.問全在聲：

聲音在面相學上是另一種本體的功夫，如同觀看行、立、坐、臥、睡等現象般，不同相法皆有其不同之論斷方式；但綜合眾多相法後就能形成「絕對的現象」，進而預測吉凶之發生。

凡人、事、物成就者，聲音必清晰響亮而餘韻不散，如雷聲、鼓聲、鐘聲般聲遠流長；人際關係受困者，聲音則出現聲輕、聲浮、聲散……等表徵。故聲大尾散，聲雄不長，餘韻含糊不清，話未盡氣先絕，皆使英雄氣短而喪志。俗稱：「一賤破九貴」強調的就在此。所以，「全方位」之人乃聲音宏亮，言語有序，緩急得宜，再加上其他五官條件配合，則成功將指日可待。

五行論相法

五行論相法常被一般人誤認為乃較高層次的論斷法。其實，這是不正確的觀念，它只是眾多論命相法之一；代表著五種不同的命格，是現象的學問而不是吉凶的論斷。五行相法首重五行相生與相剋的原理，五行相生為「金生水、水生木、木生火、火生土、土生金」，象徵著對人表人蔭的格局，對事表成就的格局，對物表賺錢的格局；五行相剋為「金剋木、木剋土、土剋水、水剋火、火剋金」，象徵著對人為奔波勞碌的天命，對事為阻礙人生的因緣，對物為多做少成的定數。五行論相法又分五形人之分類與五形人之內涵兩種。茲分析其內容如下：

◎五形人之分類：

【金形人】：古云：「薄唇利齒面團方，俏麗形容半帶狂，令色巧言音響亮，對人不肯道行藏。」其個性剛正，義氣負責，遵守法律及社會道德規範。適合金融、財經、司法、公職……等工作。金行人之病乃惱者傷肺，如火形色剋金行人，白中紅乃暗紅色，火剋金則愛操心，遇事鬧分離。

【木形人】：古云：「面長露骨色微青，背聳肩寬步履平，試聽語音直而短，偶觀筋項識真形。」其個性冒險，頑固勞碌；但文學出眾，中年後方能成為社會棟樑。適合文學、藝術、教育、創意、研發……等工作。木形人之病乃怒性主殺，如青形色剋木形人，青中白乃慘白色，金剋木則象徵處事多爭執，遇事難進步。

【水形人】：古云：「體貌豐肥面下寬，眉粗目大髮齊肩，音低唇厚行遲緩，抑鬱終身不肯前。」其個性圓融，富親和力，從事公關交際工作，必能出類拔萃，名利雙收。適合百貨、保險、商業、服務業……等工作。水形人之病乃煩者傷腎，如土形色剋水行人，黑中黃乃憔悴色，土剋水則象徵處世常後悔，愛生回頭氣。

【火形人】：古云：「上尖下闊面豐盈，毛髮估焦黃且紅，聲破音尖行動急，輕浮暴躁少涵容。」其個性急躁，近親緣淡；但火炎向上，事業早發乃天性使然。適合軍警、保全、娛樂、宗教……等工作。火行人之病乃恨入心房，如水形色剋火形人，紅中黑乃黑紫色，水剋火則象徵台語：「平時千萬步，遇事沒半步」。

【土形人】：古云：「背隆腰厚面平方，樸拙無文顏色黃，言語鼾宏行重濁，脛狹跼促好分詳。」其個性穩重，胸懷大志；善於籌劃，信守承諾，為最好的企業人才。適合公職、政治、農業、商業、幕僚……等工作。土形人之病乃怨者傷脾，如木形色剋土形人，黃中青乃古銅色，木剋土則象徵內心不服人卻有苦說不出來。

◎五形人之內涵：（如左圖表）

五毒	五戒	五臟	五常	五天陰干	五天陽干	五方	五元	五行
怒	殺	肝	仁	乙	甲	東	性元	木
恨	淫	心	禮	丁	丙	南	神元	火
怨	妄	脾	信	己	戊	中	氣元	土
惱	盜	肺	義	辛	庚	西	情元	金
煩	酒	腎	智	癸	壬	北	精元	水
五魔	世界五行	家庭五行	國家五行	五形	五韻	五音	五色	五味
瞋	釋	兄	工	長	短	齒	青	酸
貪	耶	父	官	尖	高	舌	赤	苦
凝	道	祖	農	圓	平	鼻	黃	甜
慢	回	弟	士	方	長	唇	白	辣
痴	儒	母	商	胖	低	喉	黑	鹼
問性	五德	五竅	五能	五音	五腑	五臟	五體	五氣
主義	良	目	立	角	膽	魂	筋	風
明禮	恭	舌	化	徵	小腸	神	血	暑
實信	讓	口	養	宮	胃	意	肉	濕
亮響	儉	鼻	分	商	大腸	魄	皮	燥
和柔	溫	耳	生	羽	膀胱三焦	志	骨	寒

五官指的是臉上「眉毛、眼睛、鼻子、嘴巴、耳朵」等部位，古云「一官成，十年運」，說明了五官相法在面相學上的重要性；這裡所指的「官」代表五官之宮位，所指的「成」代表已俱足此宮位之特性與現象。所以，「一官成，十年運」乃象徵運用此宮位之特性，努力個人後天的條件，事業的成就將指日可待。五官相法分「保壽官、監察官、審辨官、出納官、採聽官」等五種論命方法。現分析其特色如下：

◎保壽官（眉毛）相法：神相全篇云：「眉毛要寬廣清長，雙分入鬢或如懸犀，新月樣，首尾豐盈，高居額中，乃為保壽官成。」

1.【寬廣清長】：眉毛的重點在於眉與眼要一致性，眉毛要比眼睛長又美，乃象徵具有穩定、才藝、能幹之性格，可表現出大丈夫的氣魄。

2.【首尾豐盈】：眉首表理智，眉尾表感情，首尾豐盈者做事積極穩定，有始有終，乃老闆級的最愛。反之，首尾不均者，人、事、物的因緣將中斷。

3.【高居額中】：高居額中是指眉毛與眼睛的距離，至少要超過一根食指的寬度，表示與家庭因緣濃密；中國人落葉歸根的觀念重，田宅宮就特別寬廣；西方人眉壓眼，個性上就呈現出積極、果斷、衝動、暴躁的一面。

4.【雙分入鬢、懸犀、新月樣】：眉彎心柔，眉粗性剛；懸犀新月樣，乃潛藏無比柔和的魅力與文學藝術的高尚氣質，流露出清新真摯的情感。

◎監察官（眼睛）相法：神相全篇云：「眼睛需要含藏不露，黑白分明，瞳子端光采攝人，或細長極寸，乃為監察官成。」

1.【含藏不露】：眼睛忌四露「露光、露威、露神、露煞」，四露者是非多，親人無情；含藏不露，謂之真光，乃大富貴之重要條件。

2.【黑白分明】：黑睛多白球淨謂之黑白分明，如小孩子般衣食無缺，引申為有福報之人，一生很少碰到危險的災難；但也不善處理事物。

3.【瞳子端定】：古相法謂：「眼正心正，眼不正心不正」，一點都沒錯，瞳子端定，象徵安定、安分、安享晚年。故眼不正如上下白眼者，引申為性格叛逆、記恨、不服輸、愛弄機智。

4.【光采攝人】：古云：「富貴者不一定有善耳，但一定有善眼」，說明了眼睛佔面相學百分之五十以上的重要性；眼睛神采飛揚，遇危險事雖困不凶；眼睛若無精打采，遇好機緣也會錯過。

5.【細長極寸】：細長極寸是指如神明眼睛又細又長，表示理智與堅持目標；乃象徵心地純潔理字重，唯較執著與死心眼；內心情感不易表達，有成就技藝的條件。

◎審辨官（鼻子）相法：

神相全篇云：「鼻子的樑柱須端直，印堂平闊，山根連印，年壽高隆，準頭庫起，形如懸膽，齊如截筒，色鮮黃明，乃為審辨官成。」

1.【樑柱端直】：廣鑑集云：「鼻為土宿，萬物生於土，歸與土，相乎山岳。山不壓高，土不壓厚。」大統賦云：「惟鼻者號嵩嶽，居中為天柱而高聳，梁貴乎豐隆。」皆道盡鼻子的重要性。鼻攸關乎女人所選擇之佳婿，更控制財官運之吉凶。鼻顴貫氣者，中年運權力在握。

2.【印堂平闊】：印堂即命宮，在兩眉之間，影響一個人為人處事的行為與事業成敗後的態度；更是個人面對前途希望之所託。印堂寬者（兩根手指頭）為管理階層之人，印堂窄者為專業人士。

3.【準頭庫起】：鼻樑觀生龍活虎格，鼻準測楊花水性格，鼻翼定族蔭福報格。準頭者乃土之主也，鼻翼豐隆有肉，財帛先天俱足，財運得貴人相助而成功。

4.【色鮮分明】：太清神鑑云：「鼻貴乎高隆、光明色黃者，得其土之本色也。」大統賦云：「梁貴乎豐隆貫額（高也），色貴乎光瑩溢目（明也）。」色鮮分明乃財運亨通，追求富貴者的條件。

5.【山根連印，年壽高隆】：山根連印位三公（當官的條件），年壽高隆享財祿（賺大錢的條件）；主其人做事積極有信心，專技本事求名聲。獨立、果斷、是非、強硬為其特色。

6.【形如懸膽，齊如截筒】：相書云：「鼻自年壽以下，含準頭、蘭台、廷尉皆圓大，鼻孔又有收者為懸膽骨成。」心鏡經云：「鼻如懸膽終須貴，土曜當生得地來，若是山根連額起，定知榮貴作三台。」懸膽骨乃面相前山三十八奇骨之一，得奇骨者，人生會因特殊因緣相助而成就非凡。

◎出納官（嘴巴）相法：神相全篇云：「口需要方大，唇紅端厚，角弓開大合小，乃為出納官成。」

1.【方大】：俗稱「闊嘴吃四方」，表示人際關係好，家庭因緣濃厚，出外可以依靠朋友幫忙。嘴巴要開大合小，大而有收處世進退得宜；否則做事大而化之，少考慮。

2.【角弓】：這是微笑與喜悅的標誌，成功者總是帶著勝利的微笑，失敗者（嘴角往下彎）卻滿臉失望而哭泣。電視台前的主播與成名後的大明星，哪一位不是嘴上揚的喜悅者，致使成千上萬的觀眾與影迷，追隨他心目中之真、善、美的化身。而微笑正是追求富貴者的條件。

3.【唇紅端厚】：郭林宗曰：「唇紅齒白食天祿，多藝多才又多富。」貧女曰：「貴人唇紅似潑砂，更加四字足榮華。」這正是唇紅端厚之最佳註解，唇紅者名聲遠傳，端厚者持續運勢。兩者加在一起後，就變成貴人、子女、田宅、財祿……等等善因緣的保證。

4.【開大合小】：開大合小之口，財帛與官祿之因緣後勢看漲。與人相處進退得宜，得貴人相助而事業有成，心常存善念而財運亨通。反之，口大唇厚者，只表示此人老運會得到隨緣之福報，並非事業有往上爬的動力。

◎採聽官（耳朵）相法：

神相全篇云：「耳需要色鮮，高聳於眉，輪廓完整，貼肉敦厚，風門寬大者，謂之採聽官成。」

1.【色鮮】：古云：「色如瑩玉，年少作三公。」大統賦云：「白或過面，主聲譽之飛揚，瑩白貫輪，主信行之敦厚。」耳白過面，名聲遠播；主其人可做讓自己成名之事，往成名的方向走，乃一生之成就的開始。

2.【高聳於眉】：郭林宗云：「耳為君，眉為臣，君宜上而臣下。高起過眉，主貴，聰明，文學才俊，富貴也。」萬金相云：「耳高眉一寸，永不受貧困。」高聳之耳如色鮮，聲名遠播傳心意；心存善念得福報，功成名就富貴時。

3.【輪廓完整】：耳分三輪，上為天輪，中為人輪，下為地輪；外耳曰輪，內耳曰廓。輪廓完整者，主其人得祖先之恩擇，輪飛廓反者，白手起家之人；耳之惡，父母必惡；耳之美，善言好語跟著您。

4.【貼肉敦厚】：許負云：「耳貼肉，富貴足。」大清神鑑云：「對面不見耳，問是誰家子。」貼肉敦厚乃垂肩耳，垂肩耳者為耳長大堅厚，形美貼腦，垂珠圓大又長到鼻準以下謂之。主其人一生衣祿豐盛，得來自然又高壽；假若此人專業再俱足時，那麼，富貴的因緣一定可以期待。

5.【風門寬大】：洞中經云：「耳孔容針，家無一金。」命門，耳孔也。耳孔寬大者，智慧開啟，聰穎過人；反之，耳孔窄小者，愚頑短壽，福不全。

觀相十訣法

一般人求助各種命理的想法不外乎趨吉避凶或改運解厄，而最終的目的是想要富、貴、丁、壽四字而已，故以下之觀相十訣法就是幫您走向富貴之門。

一、【威儀】：觀相首重威儀，一個人不論出生富貴之門或貧窮之家，表現威儀的外表是不會有差異。大個子的人看氣宇軒昂，小個子的人看精神飽滿。氣宇軒昂乃貴格之象徵，精神飽滿乃富格之條件。

二、【清濁】：清濁乃古相書籍最不容易說清楚之所在，也是學習之人最難理解的地方；而這正是華山派面相誕生的目的，將模糊不清的說詞轉換成簡單易懂的方法。清者體厚，以富論之；濁者消瘦，以貴推之。黑瘦者做勞碌的事，白胖者做穩定的事。反之，黑瘦者做穩定的事，白胖者做勞碌的事，就是清濁不分，追求富貴的結果則將背道而馳。

三、【手足】：古云：「腫節露縫，神昏神懶。浮筋露骨，身樂心憂。手軟如棉，閒而有錢。紋露粗率，衣祿平常。」而古文今論時應該用更細膩及完整的名詞來闡述它。男人喜手軟如棉表文學公職，女人喜手如薑樣表良家婦女。腳如鳥足表財來財去，腳如象足表穩定求財。

四、【身形】：身形乃面相學上的另一種論命方式，表達不同的現象看相同人、事、物的結果。上半身大而下半身小時，表示人、事、物的因緣不穩，上半身小而下半身大時則表此人為保守穩定中往上的因緣。其中，千萬不可有「吉凶」的論斷。否則將出現一般傳統命理師所犯的盲點。

五、【眼與額】：眼睛與額頭乃論斷富貴的重要依據之一。成功者一定有穩定或明亮的雙眼，但是，絕對不能反推有穩定或明亮眼睛者一定會成功，這只是表示此人有條件成功而已，事業成就要靠個人的條件與運勢配合才可以達成；也就是做對每個當下命中註定人、事、物的因緣。額頭乃女人入豪門的機會之所在，額高者（四根手指頭）才有進入豪門的入門票，額低者乃表示自己創造的財富。

六、【氣定神閒】：藝高人膽大，事熟能生巧；路遙知馬力，日久見人心；這是天地萬物不變的定義。俗稱：「台上三分鐘，台下十年功」，此印證了唯有苦其心志，勞其筋骨，餓其體膚，空乏其身者才有氣定神閒的條件。當一切辛苦轉換成收成的代價時，【氣定神閒】的神韻才能表露無遺。

七、【穩重與典雅】：顧名思義即知這是天生一對之才子與佳人的結合，穩重的男人與典雅的女人，這是追求富與貴的代名詞。穩重如企業老闆，典雅如豪門貴婦。穩重的個性事業才能成就、永續經營；典雅的神韻氣質才能高貴、進入豪門。這是富貴者背後所必須俱足的條件。

八、【三停與六府】：三停者額門（兩眉之上）、準頭（眉毛與鼻準之間）、地角（鼻準之下）。上停長，少年忙，事業可發揮。中停長，福祿昌，事業可成就。下停長，老吉昌，老來有所養。六府乃天府（日月兩角）、人府（兩顴骨）、地府（兩地閣）；得天府【天倉】者，祖上有德；得人府【貴人】者，同輩相助；得地府【地庫】者，部屬同心。

九、【四瀆與五嶽】：四瀆者乃耳（長江）、目（黃河）、口（淮河）、鼻（濟河）也。個人或領導者四瀆深長者，乃表示倉庫豐滿，財物有餘，家庭必安康，國家必強盛。五嶽乃東嶽泰山即左顴，西嶽華山即右顴，中嶽嵩山即鼻子，南嶽衡山即額頭，北嶽恒山即地頦。五嶽豐隆者乃事業可以追求財富，人緣可以追求名聲，人生可以追求完美者。四瀆重點在水（財），五嶽重點在山（官）；山要豐隆，水要深長，山明出官貴，水秀出財祿。

十、【聲音與心田】：響亮之聲，出於丹田，表示富貴的條件；破枯之聲，聲出舌端，表示勞碌的條件。古云：「未觀相貌，先看心田。有相無心，相從心滅。有心無相，相從心生。」好的聲音較容易遇到好的因緣，好的人、事、物上的因緣，才能轉換成美麗的心田。那麼，富貴的人生就離您不遠了。

二、面相「論運」吉凶學

天地人論運法

論命有所謂「一官成，十年運」的講法，即一個宮位只要符合五官的標準，就會有十年之大運；而天地一配卻有連續二十年之大運，故完全瞭解它是何其重要。天地三配法乃筆者二十多年來，學習面相所領悟的心得報告，它是形上學的本體功夫，也是命理業者實際論命的指標，運用此方法後乃象徵面相學進入更高層次的範圍。天地三配分「日月配、龍虎配、山水配」三種；日月配天，龍虎配人，山水配地乃人類學之先天命格，命格高低將影響一個人後天成就；目前檯面上富貴者皆符合天地三配的條件。茲分析其內涵如下：

【日月配乃天之運】：日月配乃眉毛與眼睛一致性，要符合眼睛有神，眉毛粗濃的條件；眉毛代表個性，眼睛代表成就，兩者合而為一，乃象徵會在三十五歲以前成功的命格。如郝柏村、金城武、吳宗憲……等等，就是最明顯的實例，他們在三十五歲以前事業皆有所成就，這是積善人家先天之福蔭，也是宗教角度上「前世因，今生果」的定數因緣。

【龍虎配乃人之運】：龍虎配乃鼻子與顴骨要一致性，符合鼻子高隆，顴位豐滿的條件；鼻子代表主張，顴位代表權力，兩者合而為一，乃象徵辛苦、勞碌、擔當、責任……等後天文明進化所留下的軌跡，內涵著人生五十五歲前的強勢運，這是人類物競天擇的動物鏈。

【山水配乃地之運】：山水配乃嘴巴與下巴要一致性，符合嘴巴肥大，下巴豐厚的條件；嘴巴代表公關，下巴代表人脈，兩者合而為一，乃象徵應用朋友、同行、雇主……等人際關係，達成以賺錢為營利的手段，內含著人生七十歲左右的強勢。

三停論命法

◎三停分類之內涵：

三停論命法為面相學上最簡單易懂的基礎相法，也是應用最廣最容易感受其準確的相法，人生大運與流年的變化因緣，皆可從面相上一目了然而窺究其端倪。因為，命理學本來就是預知人、事、物的學問，人生旅程中何時有凶兆？何時有吉象？透過了面相的觀察，皆可預先知道未來發生的現象而及早做生涯規劃。那麼，為何先要瞭解人的命運呢？因為人生之所以美麗必須讓生命遭受無情的衝擊，讓人經歷成功與失敗之無情挑戰及高潮與低潮之交替重疊；如此人才能真正欣賞命理學那美麗而動人的生命樂章。三停論命法將人的臉相分上停、中停、下停三等份，各有其代表性。現分析如下：

【上停】：由前額髮際至眉毛上方，包含了額頭的部位，它主導三十歲以前的運勢；一個人天庭飽滿、豐隆圓潤，一生必得「天時」之蔭，少年時期求學順利，有父母長上提攜與幫助，乃象徵祖蔭的福報濃厚。反之，額頭缺陷低窄，就會有少年煩惱，求學不順，父母不親，感情世界多波折之象。

【中停】：由眉毛上緣至鼻子下緣，包含了眉毛、眼睛、鼻子、顴骨的部位，它主導三十一歲至五十歲的運勢；一個人眉毛與眼睛或鼻子與顴骨配合得宜，即眉濃、眼亮、鼻隆、顴骨飽滿者，一生必得「人和」之助，中年多遇奇緣，位高權重，財源滾滾或主管與老闆的格局。反之，眉淡、眼弱、鼻低、顴陷者，就會財運不佳，壽元不長，中年刑剋近親之人。

【下停】：由鼻子之準頭至地閣，包含食祿、人中、嘴巴、下巴的部位，它主導五十一歲以後的運勢；一個人地閣豐圓瑞厚，天地相朝，一生必得「地利」之富，老運吉祥，子孫和樂，安享晚年的生活。反之，地閣尖狹、兩頰薄消，就易受病痛纏身，子女無緣，老運無伴之孤。

◎三停成敗之吉凶：

觀人先看面相三停，各代表少年、中年、老年的後天運勢，上停看感情、貴人、學業之天蔭緣分，中庭看桃花、朋友、事業之自助緣分，下停看子女、部屬、家業之人助緣分。三停均等者，其人較守本分，無論在任何職場上皆能堅持已有的態度，幫助自己的老闆成就其事業，一生衣食無缺，做事中規中矩，是值得長久交往的朋友，也是富貴的重要條件。反之，三停不均者，其人一生變化較大，成敗起落會隨著年齡增長而有所不同，人生之無常因緣，讓他領悟人間的冷暖，有如阿里山的小火車般，必須經過熱帶、亞熱帶、寒帶等三種不同的氣候。李登輝總統就是最明顯的實例，少年時期遠赴日本求學，中年在美國攻讀博士學位，老年在台灣當選了總統，晚年被國民黨開除黨籍，另外成立了台聯黨，在在顯示他成敗起落的無常人生因緣。

◎三停人事之因緣：

「天、地、人」三才思想源自於中國古相術，其理論架構與數學之「點、線、面」或易理之「在天成象、在地成形、在人成事」互為表裡，運用在面相的論命法則，印驗「體、用關係」乃學習面相之關鍵點。現分析三停人事之因緣如下：

上停（天）：表示祖先、長輩、父母、上司……等一切與貴人有關的天命因緣，重點在如何掌握先天俱足的福報因緣。

中停（人）：表示平輩、兄弟、同事、朋友……等一切與互動有關的助力因緣，重點在如何掌握物競天擇的萬物特性。

下停（地）：表示晚輩、子孫、部屬、員工……等一切與合作有關的共業因緣，重點在如何掌握群眾心理的雙贏特性。

九執流年法

九執流年法是根據臉上九個部位相理之優劣，來論斷該部位當值流年行運之吉凶，此千年流傳的古相法雖有其可取之處，但其中沒有考慮「本命格局與大限格局」的關係，就容易產生論命敘述上的誤差；論命本該回歸「體用關係」的原理，日月配為吉象時（體），縱然九執流年法之行運走到眼睛或眉毛的凶象位（用），也只能論目前的運勢為勞碌、辛苦、不順、阻礙……之現象而已。

九個部位指的是：1左眉、2鼻子、3口部、4左耳、5左眼、6額頭、7右眉、8右眼、9右耳，其論述方法乃行運走到九執流年法當值歲數之五官宮位時，若該宮位有明顯的缺陷瑕疵，則論斷該流年有不如意之情事發生。

例如：論29歲的流年運時，因為流年的總數超過9的個位數，這時務必要將十位數再加總一次，讓流年轉換成可以推算的個位數。所以，29歲就要用2＋9＝11，再用1＋1＝2；這時2的數字（鼻子流年數）就是當值之流年數。假如鼻子有明顯的缺陷瑕疵時，則論斷該流年有不如意之情事發生。此方法每隔九年歷史就會重演一次，但要特別注意的是每次重複之宮位，與大限的位置不一定在相同的宮位；大限不同時，千萬不可在相同的部位論述相同的現象與吉凶，唯有如此才不致讓真正的面相學失真而貽笑大方。

茲列出九個部位所當值之歲數如下：

五官	歲數										
左眉	1	10	19	28	37	46	55	64	73	82	91
鼻子	2	11	20	29	38	47	56	65	74	83	92
嘴巴	3	12	21	30	39	48	57	66	75	84	93
左耳	4	13	22	31	40	49	58	67	76	85	94
左眼	5	14	23	32	41	50	59	68	77	86	95
額頭	6	15	24	33	42	51	60	69	78	87	96
右眉	7	16	25	34	43	52	61	70	79	88	97
右眼	8	17	26	35	44	53	62	71	80	89	98
右耳	9	18	27	36	45	54	63	72	81	90	99

百歲流年法

百歲流年法乃流傳千年之古老相法，它直接以人的面相圖所表示之當值流年論命；這是論述現象學的學問，而不是人、事、物吉凶的論斷。華山派面相學的重點在「天、地、人的功夫」；在天成象「本命的學問」，強調先天註定的因緣；在地成形「大限的學問」，強調運勢的吉凶；在人成事「流年的學問」，強調發生的時空。而百歲流年法只是流年的學問罷了，千萬不可直接看百歲流年圖中所當值之流年論述當下的現象與吉凶。因為，本命的格局與大限的運勢佔90％，流年論命佔10％，沒有本命格局與大限運勢的大架構，流年論命法則是錯誤的現象與不存在的事實論述。

現將面相百歲流年圖與流年運氣部位歌詳述如下：

百歲流年圖

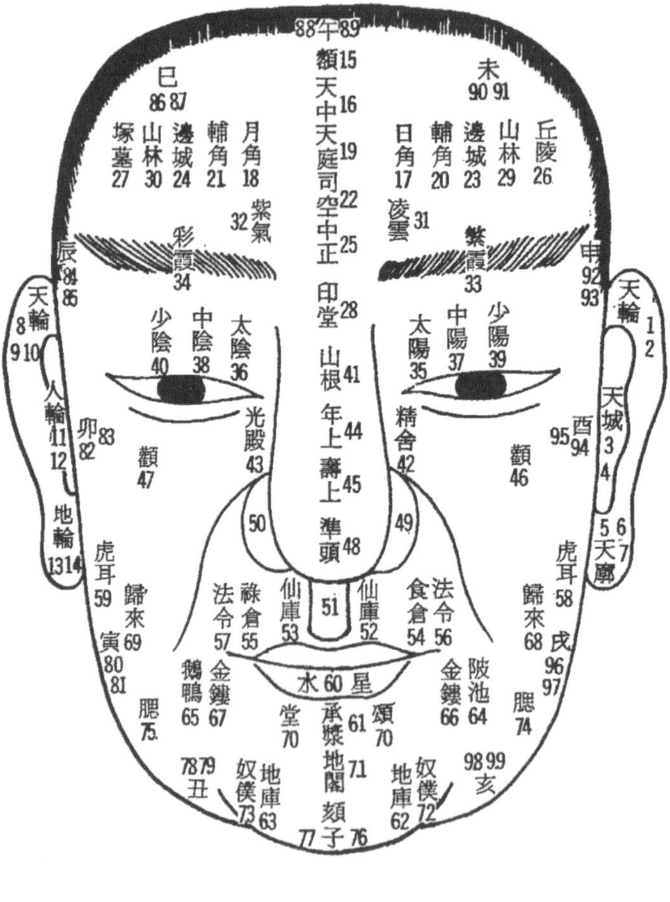
88 午 89
額 15
天中 16
天庭 19
司空 22
中正 25
印堂 28
山根 41
年上 44
壽上 45
準頭 48
巳 86 87
未 90 91
塚墓 27
山林 30
邊城 24
輔角 21
月角 18
日角 17
輔角 20
邊城 23
山林 29
丘陵 26
紫氣 32
凌雲 31
彩霞 34
紫霞 33
辰 84 85
申 92 93
天輪 8 9 10
天輪 1 2
少陰 40
中陰 38
太陰 36
太陽 35
中陽 37
少陽 39
人輪 11 12
天城 3 4
卯 82 83
酉 94 95
顴 47
顴 46
光殿 43
精舍 42
50
49
地輪 13 14
天廓 5 6 7
虎耳 59
虎耳 58
歸來 69
歸來 68
法令 57
祿倉 55
仙庫 53
51
仙庫 52
食倉 54
法令 56
寅 80 81
戌 96 97
鵝鴨 65
金鏤 67
水 60 星
金鏤 66
陂池 64
腮 75
腮 74
堂 70
承漿 61
頌 70
78 79 丑
奴僕 73
地庫 63
地閣 71
頦子 77 76
地庫 62
奴僕 72
98 99 亥

流年運氣部位歌

欲識流年運氣行，男左女右各分形；
天輪一二初年運，三四周流至天城。
天廓垂珠五六七，八九天輪之上停；
人輪十歲及十一，輪飛廓反必相刑。
十二十三併十四，地輪朝口壽康寧；
十五火星居正額，十六天中古法成。
十七十八日月角，運逢十九應天庭；
轉角二十二十一，二十二歲致司空。
二十三四邊城地，二十五歲逢中正；
二十六上主丘陵，二十七年看冢墓。
二十八遇印堂平，二九三十山林部；
三十一歲凌雲程，三十二遇紫氣生。
三十三行繁雲上，三十四有彩霞雲；
三十五上太陽位，三十六上會太陰。

中楊正位三十七，中陰三十八主亨；
少陽年當三十九，少陰四十少弟兄。
山根路遠四十一，四十二造精舍宮；
四十三歲登光殿，四旬有四年上增。
壽上又逢四十五，四十六七兩顴宮；
準頭徙喜四十八，四十九人蘭臺中。
廷尉相逢正五十，人中五十一人驚；
五十二三居仙庫，五旬有四食倉盈。
五五得請祿倉米，五十六七法令明；
五十八九遇虎耳，耳順之年遇水星。
承漿正居六十一，地庫六十二三逢；
六十四居陂池內，六十五處鵝鴨鳴。
六十六七穿金縷，歸來六十八九程；
逾矩之年逢頌堂，地閣頻添七十一。
七十二三多奴僕，腮骨七十四五同；

七旬六七尋子位，七十八九丑牛耕。
太公之年添一歲，更臨寅虎相偏靈；
八十二三卯兔宮，八十四五辰龍行。
八旬六七巳蛇中，八十八九午馬輕；
九旬九一未羊明，九十二三猴結果。
九十四五聽雞鳴，九十六七犬吠月；
九十八九亥豬吞，若問人生過百歲。
順數朝土保長生，週而復始輪於面；
紋痣缺陷禍非輕，限運併衝明暗九。
更逢破敗屬幽冥，又兼氣色相形剋；
骨肉破敗自伶仃，倘若運逢部位好。
順時氣色見光晶，五嶽四瀆相朝挹；
扶搖萬里任飛騰，誰識神仙真妙訣，
相逢談笑世人驚。

論命・面相・紫微斗數研究班・職業班招生

面相乃探究命理淵源最重要的依據，也是一切命理學之母；而四化則為斗數之用神，本研究學院傳授面相不傳之秘訣及運用紫微斗數四化的公式，藉由先天俱足的命格與後天運勢的起伏，洞悉先天人、事、物的因緣與後天行運的定數，來預知人、事、物的吉凶與時間。

一、論命：函批。電話論命、親臨學院論命皆三千元。

二、研究班：對命理學有興趣者為對象，滿十二人開班，外縣市可就地開班，學費兩個月每人新台幣壹萬貳仟元。

三、職業班：以職業開館或研究多年者為對象，一年期學費每人新台幣貳拾伍萬元。

鄭穆德老師親自傳授

華山派命理研究學院

台中市南區柳川西路一段39號
預約專線：（04）2375-3345　0937-295555
傳真：（04）2375-3521
網址：www.praygod999.url.tw
E-mail：praygod999@yahoo.com.tw

國家圖書館出版品預行編目資料

一看就懂！大師面相學 / 鄭穆德著.
－－第一版－－臺北市：知青頻道出版；
紅螞蟻圖書發行，2010.07
面　　公分－－（Easy Quick；103）
ISBN 978-986-6276-170（平裝）

1. 面相

293.21　　99010434

Easy Quick 103

一看就懂！大師面相學

作　　者／鄭穆德
發 行 人／賴秀珍
總 編 輯／何南輝
校　　對／楊安妮、周英嬌、鄭穆德
出　　版／知青頻道出版有限公司
發　　行／紅螞蟻圖書有限公司
地　　址／台北市內湖區舊宗路二段121巷19號(紅螞蟻資訊大樓)
網　　站／www.e-redant.com
郵撥帳號／1604621-1　紅螞蟻圖書有限公司
電　　話／(02)2795-3656（代表號）
傳　　真／(02)2795-4100
登 記 證／局版北市業字第796號
法律顧問／許晏賓律師
印 刷 廠／卡樂彩色製版印刷有限公司
出版日期／2010年7月　第一版第一刷
　　　　　2020年11月　　第二刷(500本)

定價 260 元　港幣 87 元

ISBN 978-986-6276-170　　Printed in Taiwan